디자인

**BRAND
STORY
DESIGN**

BRAND STORY DESIGN BRAND STORY NO TSUKURIKATA

written by Masato Hosoya.

Copyright © 2014 by Masato Hosoya. All rights reserved.

Originally published in Japan by Nikkei Business Publications, Inc.

Korean translation rights arranged with Nikkei Business Publications, Inc.

through PLS Agency.

브랜드 스토리 디자인

1판 1쇄 발행 2019년 5월 23일
1판 4쇄 발행 2022년 3월 3일

지은이 호소야 마사토
옮긴이 김현정
펴낸곳 도서출판 비엠케이

편집 정혜지
디자인 아르떼203
제작 (주)재원프린팅

출판등록 2006년 5월 29일(제313-2006-0 00117호)
주소 03998 서울시 마포구 성미산로10길 12 화이트빌 1F
전화 (02) 323-4894 **팩스** (070) 4157-4893
이메일 bmkbook@naver.com

값은 뒤표지에 있습니다.
ISBN 979-11-89703-02-8 03320

이 도서의 국립중앙도서관 출판예정도서목록(CIP)은 서지정보유통지원시스템 홈페이지(http://seoji.nl.go.kr)와
국가자료공동목록시스템(http://www.nl.go.kr/kolisnet)에서 이용하실 수 있습니다.(CIP제어번호: CIP2019014433)

브랜드

사람의 마음을 움직이는
'브랜드 스토리'
만드는 법에 관하여

× BRAND
STORY
DESIGN

스토리

 ×

디자인

Bmk
magazine&publishing

9 791189 703028
03320

지은이 호소야 마사토
옮긴이 김 현 정

일 러 두 기

I 이 책은 2013년 2월부터 2014년 6월까지 잡지 《닛케이 디자인(日経デザイン)》에 연재한 원고를 엮은 것으로, 내용이나 직위, 숫자 등은 연재 당시의 것을 사용하였다.

II 본문에 나오는 인명이나 지명 등의 고유명사는 일본어 발음을 따라 표기했으며, 외래어 표기는 현행 한글어문규정의 외래어표기법을 따랐다.

III 단행본이나 잡지, 신문은 겹꺾쇠표《 》, 짧은 글과 영화, 방송 프로그램 등은 홑꺾쇠표〈 〉로 표시했다.

IV 이 책에서는 기존의 소비자와 구분되는 개념으로 '생활자(生活者)'라는 용어를 사용한다. 생활자는 소비 활동에 있어 희로애락의 감정을 중시하며 보다 적극적으로 자신의 생활을 꾸려나가기를 원한다.

추 천 사

향기부터 도시까지 거의 모든 게 브랜드인 현대 사회에서, 수많은 브랜드를 만들고 가꾸어온 일본의 '브랜드 스토리'를 엿볼 수 있는 매우 흥미로운 지침서다.

일본 서점을 방문할 때마다 《닛케이 디자인》을 펼쳐보고는 했는데, 이 잡지에 소개된 현장감 넘치는 사례들을 우리말 텍스트로는 접할 수 없어 안타까운 마음이 컸다. 그렇기에 이 책의 출간 소식이 무척 반가웠다. 총 열네 가지 사례를 소개하는 이 책에는 우리에게 친숙한 브랜드도 있고, 그렇지 않은 브랜드도 있다. 외국인에게는 다소 생경한 발상도 있을 것이다. 하지만 200년 이상 된 기업이 3,900개에 이르는 브랜드 천국, 일본이 말하는 '브랜드 스토리'와 관련한 속 깊은 이야기는 브랜드를 공부하고자 하는 학생이나 관련 업계에 있는 직장인, 또는 브랜드를 소비하는 일반인 등 모두에게 좋은 공부가 되리라 생각한다.

특히 개발자가 먼저 좋은 생활자가 되어야 좋은 브랜드 스토리도 만들 수 있다고 말하는 부분이나, 소비 속도를 늦추고 싶다는 대담을 나누는 부분은 빠른 성장과 최대 수익에만 급급한 현대 소비사회에서 브랜드 개발에 참여하는 모든 이에게 비장한 각오를 요구하는 듯하기까지 하다.

브랜드를 통해 꿈을 꾸고, 삶을 배워가며, 일상에서 기쁨을 느끼는 세상. 그 세상이 우리가 꿈꾸는 세상인지는 모르겠으나, 이 책은 그 세상 속에 흠뻑 젖어 낭만적인 스토리를 꿈꾸는 젊은 스토리텔러의 자신감 가득한 이야기보따리다.

김경선 서울대학교 미술대학 디자인학부 교수

들 어 가 며

나는 조금 색다른 어린 시절을 보냈다. 장사를 했던 부모님 덕분에 시끌벅적한 시장통에서 자랐다. 채소 따위를 팔던 가게와 중고차 매장 앞이 놀이터였고, 인심 좋은 손님들이 언제나 놀이 상대가 되어주었다.

고등학생 때는 연극배우를 꿈꾸었다. 지역 시민극단에 들어가 뮤지컬과 극작가 미타니 고키三谷幸喜의 연극에 푹 빠져 지냈다. 대학에 들어가서는 당시 드나들던 극장 공간에 매력을 느껴, 언젠가 내 손으로 설계하고 싶다는 생각에 건축을 공부했다. 특히 에도나 베네치아 같은 도시 공간과 도시 역사에 관심을 가졌다.

그리고 스무 살. AXIS 갤러리의 모션그래픽전을 찾은 것을 계기로, 나가오카 겐메이ナガオカケンメイ 선생님과 만나게 되었다. 그 후 몇 년간 나가오카 선생님의 어시스턴트로 일하면서 브랜드와 디자인이 지닌 심오함에 대해 배웠다. 이 책에서는 나의 오랜 꿈이었던 사제 대담이 실현되었다.

이렇듯 내 관심 분야는 연극에서 극장, 건축, 도시 역사, 그리고 브

랜딩 디자인으로 진화했다. 이후 기업의 광고 업무와 미국계 브랜드 컨설팅 회사를 거쳐 2008년 바니스타バニスター라는 회사를 창업했다. 콘셉트는 'Find new Paradigm in You'. 플래너와 디자이너가 공존하면서 생활자에 대한 깊은 통찰을 토대로 미래의 삶을 구상하는데, 도쿄와 싱가포르 두 곳에 거점을 두고 활동하고 있다.

이런저런 나의 경험은 어쩌면 맥락이 없는 여정으로 보일 수도 있겠다. 그러나 한 가지 공통점이 있는데, 언제 어디서든 멋진 사람들과의 만남이 있었다는 사실이다. 언제나 내 흥미를 끈 것은 '사람의 감정'이다. 연극, 건축, 광고, 브랜딩 디자인처럼 '사람의 감정'을 모른다면 아무것도 만들어내지 못했을 법한 분야에만 도전해왔다. 또한 이 책의 주제인 '스토리'야말로 나라는 사람을 설명하는 단어이기도 하다.

이 책은 '브랜드 스토리가 좋은 디자인을 만들어낸다'는 확고하고도 단순한 메시지를 전한다. 브랜드 스토리가 필요하다는 사실은 이미 너무나도 명백하다. 브랜드에는 사명과 감정이 있고, 생활자의 니즈가 있으며, 단순히 물건을 디자인하는 것만으로는 더는 팔리지 않는 시대인 까닭이다. 그렇기에 '브랜드 스토리'의 목적은 마케터도 디자이너도 한 테이블에 앉아 논의를 거듭하는 것이 중요하다는 점에 주안점을 둔다.

일본 기업의 해외 진출 또한 더는 선택 사항이 아니다. 우리 팀만 해도 절반 이상이 외국인이다. 애매한 암묵지tacit knowledge만으로는 비전을 공유하기 힘든 지금, '브랜드 스토리'는 다양화·다국적화 등의 변화에 필수적으로 따르는 수단이기도 하다. 그러나 한편으로 '브랜드 스토리'는 미지수다. 그 방법론은 여전히 확립되어 있지 않다.

이 책은 약 1년 5개월간, 총 17회에 걸쳐 잡지《닛케이 디자인》에 연재한 글을 모았다. 브랜드 스토리를 정리하고 구조화하는 일에 도전한 작업이었는데, 그 성과는 과연 어떨지. 여러분의 브랜드 매니지먼트와 디자인 활동에 조금이나마 도움이 된다면 기쁘겠다.

차 례

4장 사례: 원풍경이 있을 것

1장

**브랜드 스토리에서
디자인을 발견하다**

1 · 스 토 리 는 언 제 나 심 플 하 다

**신데렐라, 추신쿠라처럼 누구나 알고 있는 스토리
―브랜드도 오래도록 기억될 수는 없을까?**

"당신의 마음을 움직인 스토리는 무엇인가?"라는 질문부터 던지겠
다. 어떤 일이 떠오르는가? 그리운 어린 시절이라든가 가족과의 정다
운 추억, 어머니가 읽어준 그림책, 감명 깊게 본 영화, 무라카미 하루
키의 소설 등 마음속 깊이 새겨진 이야기는 시간이 지나도 바라지 않
는 기억으로 남게 마련이다.

　누구나 아는 '신데렐라'를 예로 들어보자. '재투성이 아가씨'나 '상
드리용Cendrillon' 등의 제목으로 전 세계 곳곳에 변형된 신데렐라의 이
야기가 전해지는데, 세부 내용은 조금씩 다르지만 큰 줄기는 비슷
하다.

　계모에게 구박을 받으며 고달픈 생활을 하던 신데렐라는 신비한
힘으로 꿈이 실현되어 무도회장에서 왕자와 만난다. 그런데 12시 정
각이 되면 마법이 풀린다는 경고에 서둘러 성을 떠나다가 구두를 떨
어뜨리고 만다. 왕자는 구두를 단서로 신데렐라를 찾아내고, 마침내

해피엔딩을 맞이한다는 너무나도 유명한 스토리다.

불우한 처지에 있다가 조그만 일을 계기로 성공을 거두며 스포트라이트를 받게 된 여성의 일화를 '신데렐라 스토리'에 비유하는 것도 대부분의 사람들이 신데렐라 이야기를 알고 있는 까닭이다.

한편 400년 이상 이어진 일본의 전통 예능인 가부키歌舞伎도 마찬가지다. 가부키를 본 적이 없더라도 일본인이라면 누구나 아는 '가나데혼추신쿠라仮名手本忠臣蔵', 일명 '추신쿠라'가 그중 하나다. 설명하자면 너무 길어지니 간단히 줄이지만 '겐로쿠아코元禄赤穂 사건'을 소재로 한 스토리다.

1701년 4월 21일 아코번의 영주 아사노 나카노리浅野長矩는 도쿠가와 막부德川幕府의 초대를 받아 연회에 참가한다. 그런데 의전 담당자인 기라 요시히사吉良義央가 자신을 대하는 태도에 화가 나 칼을 빼들러 부상을 입히기에 이른다. 아사노는 가해자로 지목되며 다음 날 곧바로 할복형에 처해진다. 이에 분노한 아사노의 오른팔 오이시 구라노스케大石内蔵助를 비롯한 아코의 무사 47명은 1703년 1월 30일 기라의 저택에 침입해서 목을 베고, 이어서 아사노의 묘지 앞에서 모두 할복한다.

이 스토리는 에도 시대에도 당시 사람들에게 큰 인기를 끌었고, 지금도 연말연시면 드라마나 연극, 영화 등으로 만들어지며 여전히 사랑을 받고 있다.

두 가지 사례로 알 수 있듯이, 스토리는 단순히 멋진 사건만으로 구성되지 않는다. 기승전결과 우여곡절, 눈물과 웃음과 꿈이 있고, 거기에 사람의 감정을 사로잡는 요소가 더해질 때 수백 년에 걸쳐 기억되는 스토리로 존재하게 된다.

'브랜드를 알리는' 일을 하는 사람으로서 내가 세운 목표는, 고객 한 명 한 명이 오래도록 변하지 않는 브랜드에 관한 기억을 갖는 것이다.

변하지 않는 스토리는 유형의 물건もの으로 표현될 뿐만 아니라, 의식こと이라는 무형의 형태로 전승되어 한 사람 한 사람의 감정 안에 새겨진다. 신데렐라도 추신쿠라도 유형과 무형 양쪽 모두에 기억이 있는 까닭에 개개인에 따라 해석이 다르더라도, 마지막에 스토리에서 얻는 감정은 같다는 것이 매우 흥미로운 지점이다. 우리는 변하지 않는 브랜드를 만드는 힌트를 여기에서 찾아볼 수 있다. 또한 바로 이것이 내가 브랜드 스토리라는 방법에 가능성을 느끼는 이유다.

그다음으로 주목해야 할 부분은 창업한 지 200년이 넘은 장수 기업(개인경영자 포함)이 일본에는 약 3,900사 이상 존재하는데, 이는 세계 최고 수준에 이른다는 사실이다. 근대적인 경영법을 만들어낸 에도 시대의 상인들이 그 방법을 대대로 계승해 지속시키고자 노력했다는 점이 그 이유로 손꼽힌다. 그런데 바로 이런 사고방식이야말로 현대의 '브랜딩'이라고 할 수 있다.

계승의 상징으로 사용되는 포렴이나 가문家紋과 같은 문양은 그 표현 자체가 '디자인'이다. 그 외에도 엄격한 가훈이나 후계자의 선정, 교육, 고객의 가족 구성까지 정리된 대장의 존재와 지역 기밀을 중시한 기록 등이 본업을 지키며 지금까지 경쟁에서 살아남은 기업의 역사를 뒷받침한다.

전후 일본 재건의 시기에 실력 있는 기업가가 많이 등장했다. 고도 경제성장과 함께 일본을 만들어온 혼다의 혼다 소이치로本田宗一郎, 소니의 이부카 마사루井深大와 모리타 아키오盛田昭夫, 파나소닉의 마쓰시타 고노스케松下幸之助 등이다. 알려진 바와 같이 그들은 사람의 마음을 사로잡는 큰 꿈을 가졌으며, 사회에 도움이 되지 않는다면 회사를 유지할 필요가 없다고까지 단언한 창업자들이다. 젠틀한 비즈니스맨으로서 살아남은 그들은 그야말로 '스토리텔러'였다. 본래 일본 기업은 스토리를 만드는 일에 솜씨가 있었던 모양이다.

이러한 이유와 역사를 살펴보면 색이나 모양, 영상이나 그래픽 등으로 디자인된 물건뿐만 아니라, 의식을 만드는 것에 따라 스토리는 전해진다고 생각할 수 있다.

브랜드 스토리는 일부 사람만이 아니라, 그 브랜드와 관련된 모든 이해관계자가 상상할 수 있게끔 돕는 유연함을 갖추어야 한다. 단순히 일러스트레이터나 포토샵을 사용하는 기술도 아니고, 미의식이 넘쳐나는 센스도 아니며, 누구나 그 브랜드에 걸맞은 표현을 조립할 수 있는 자유롭되 극히 심플한 전략인 것이다. 마케팅적인 사고로 확립한 이론적인 관점과 크리에이티브적인 사고로 이루어진 정서적인 관점을 연결한 것이 브랜드 스토리다.

2 · 브랜드 스토리가 필요한 이유

**'브랜드 전략=가치를 정의하는 일'만으로는
만드는 사람도 생활자도 설레지 않는다**

흔히 브랜드 스토리는 마케팅 시점과 크리에이티브 시점을 잇는 매개체로서 필요하다고 여겨지는데, 그 이유는 무엇일까?

먼저 이 두 가지는 본디 그다지 궁합이 좋지 않다. 마케팅이 이론이라면, 크리에이티브는 현실. 본질적으로 이 두 가지 시점이 중요하게 생각하는 관점은 180도 다르다.

자주 거론되는 문제점 중 하나는 두 부서 간의 의사소통이 원활하지 않다는 점이다. 마케팅 부서와 디자인 부서 간에는 브랜드에 관한 해석의 차이가 존재한다는 것이다. 발주하는 측인 클라이언트뿐만 아니라, 서포트하는 측인 디자인 회사나 광고 회사도 같은 문제점을 떠안은 경우가 있다.

이 바람직하지 않은 불협화음을 어떻게 해소해야 할까 고민하던 중 '일단 다 함께 스토리를 만드는 것부터 시작해볼까' 하는 생각에 이르게 되었다.

예전에는 두 부서를 연계하는 것에서 더 나아가 사내 차원에서 공유하고자, 브랜드 플랫폼이나 브랜드 피라미드 따위로 고유명사를 붙여서 '브랜드 전략이란 그 가치를 정의하는 일이다'는 말을 만들기도 하는 등 그야말로 브랜딩 붐이 일었던 시기도 있었다. 그리고 이 방향이 지금까지 브랜드 매니지먼트의 주류로 여겨져왔다.

지향해야 할 브랜드 콘셉트는 무엇인지, 정서적 가치와 기능적 가치 그리고 개성은 무엇인지, 또 고객이 원하는 욕구는 무엇인지 등 키워드를 메꾸어나가는 식의 템플릿이 브랜드 정의에 있어 중요하다고 인식하는 사람도 많을 것이다. 이후 사내에서 가치 정의를 공유화하기 위한 시도로 브랜드 북이나 브랜드 무비 등도 만들었는데, 지금은 일반적으로 볼 수 있는 풍경 중 하나다.

우리 회사도 '브랜드 포디움Brand Podium(브랜드 가치의 지휘대라는 의미—옮긴이)'이라는 명칭의 플랫폼을 갖고 있는데, 해당 브랜드를 이론적·정서적·시각적 측면 등에서 정의한 후 다른 곳과 뚜렷하게 차별화된 독자적인 요소를 확립하는 것이 목적이다. '브랜드 포디움'은 브랜드와 생활자의 관계성을 부각시켜 장래의 목표를 명확하게 하고, 비전과 전략을 그 가이드라인으로 설정한다.

브랜드 가치를 정의해가는 일은 매우 중요한 작업이다. 그러나 현실적으로 대부분의 브랜드는 언어화된 가치 정의를 가지고 있지 않다. 그 이유는 장수 기업, 장수 브랜드가 많은 일본에서는 암묵지로서 '○○다움'이라는 가치를 전원이 공유해버리는 까닭이다.

그 강한 연대로 만들어진 암묵지를 언어화하여 이미지로 변환시키는 작업은 그렇게 만만한 일이 아니다. 더군다나 언어를 중심으로 정의되어온 플랫폼이기에 창의적인 아이디어를 만들어내는 데 어려움을 겪는 것도 사실이다.

요컨대 브랜드를 만드는 요소로서 '브랜드 포디움'은 아직 심플한 형태는 아니다. 심플하게 사람들에게 전달되지 못한다면 강한 브랜드는 태어날 수 없다. 아이들에게 "초록색으로 인어가 그려져 있는 커피를 사올래?"라고 했을 때, 이것이 '스타벅스'라는 것을 언제나 알 수 있을 정도로 상징적인 스토리를 추구해야 한다.

만약 '선진성'이라는 정의를 들었다고 가정해보자. A 씨가 미래도시 느낌의 스타워즈와 같은 우주선을 떠올리며 두근두근거리는 이미지를 갖는 반면, B 씨는 과학적인 느낌을 물씬 풍기는 새하얀 공간의 연구실 이미지를 떠올리는 것처럼 쌍방이 인식하는 세계관이 다른 경우가 있다.

언어만으로 정의했을 때는 이처럼 '선진성'의 의미를 여러 가지로 해석할 수 있기 때문에, 가능한 한 다른 해석이 없도록 '브랜드 포디움'과 같은 플랫폼으로 브랜드 가치를 정의하여 활용하는 것이다. 그럼에도 이런 플랫폼은 좀처럼 사내 운용이 어렵다는 이야기를 종종 듣는다. 그 말은 결국 가치를 공유하고 있지 않다는 뜻이다.

이런 흐름에서 도출할 수 있는 결론은 브랜드를 매니지먼트하는 툴을 한층 진화시켜서 발전해나가는 일은 여전히 가능하리라는 것이다.

마케팅 시점은 이론적으로 방대한 데이터를 해독하는 좌뇌 중심의 사고인 반면, 디자인 시점은 보다 근원적이며 인간적인 특징을 띠는 우뇌 중심의 사고다. 브랜드를 만들기 위해서는 최종적으로 가시화된 물건(색이나 모양)으로 표현해가는 우뇌적인 수단이 필요하다. 지금은 이 두 가지 사고가 원활하게 순환할 수 있는, 브랜드 플랫폼을 초월한 새로운 방법이 요구되는 시대다. 따라서 언어와 시각을 잇기 위한 스토리텔링이라는 방법에 기대가 실리고 있다.

그리고 그 스토리는 어쨌든 심플해야 한다. 마케팅과 크리에이티브가 융합하지 않으면 의미가 없다. 좋은 브랜드, 좋은 상품을 만들기 위해서는 무엇보다도 이 절묘한 밸런스의 매칭이 필요한 까닭이다.

기업과 브랜드가 가진 데이터 안에서 생활자의 마음을 건드리는 에피소드를 찾아내 스토리의 DNA로서 만들어나가야 한다. 더불어 기승전결이 있는 스토리의 형태를 갖추어야 전하고자 하는 메시지가 움직이기 시작하며 공감을 이끌어내고 생활자의 마음속 깊은 곳에 새겨질 수 있다는 사실을 기억하자.

브랜드 포디움™

3 · 브랜드 스토리는 생활자 시점

'생활자는 어떤 사람인가'에 관해 공유하자
—우리는 생활자를 속속들이 알고 있을까

스토리를 만드는 데 가장 중요한 포인트는 '생활자 시점'을 갖는 것이다. 생활자라는 시점을 인식하면 마케터도 디자이너도 사안을 한번에 공유할 수 있으며, 심도 있는 논의도 가능하다. 이는 '컨슈머 인사이트consumer insight'라는, 가장 기본에 충실한 작업이다. 이렇듯 먼저 생활자 시점을 중심으로 브랜드 스토리를 생각해봐야 한다는 것이 나의 생각이다.

이때 중요한 것은 생활자를 사회학적 의미의 '사람人'에서 생물학적 의미의 '사람ヒト'까지 이해할 수 있느냐는 점이다. '30대 여성', '20대 남성'과 같이 속성만으로 생활자를 파악하는 경우가 있다. 빅 데이터도 중요하지만, 양이 아니라 질을 생각해야 한다. 성격유형검사나 행동심리학 등의 노하우를 응용해서 생활자를 '사람ヒト'으로서 깊이 관찰해야 할 필요성이 강조되고 있다.

'여성의 음료 취향과 이상형 간에는 관계가 있다'는 것처럼, '사람ヒト'

의 지향성을 데이터로 분석한 결과로부터 얻는 사실이 있다. 이 일례가 말해주듯이 '사람ヒト'의 마음속에는 아직도 측정할 수 없는 미스터리가 넘쳐난다.

예컨대 맥도날드에서 아르바이트를 하고 싶어하는 학생과 모스버거에서 아르바이트를 하고 싶어하는 학생은 각각 지닌 개성이 다르다고 생각할 수 있다. 자연스러움을 추구하고 되도록 시간에 쫓기지 않는 여유를 즐기는 학생이라면 분명 모스버거를 선택할 것이다.

가타카나로 표기한 '사람ヒト'은 건강검진의 CT스캔처럼 사람의 지향성을 다양한 각도에서 슬라이스상狀으로 찍어서 과학적으로 분석하는 작업에 가깝다.

생활자가 추구하는 가치에는 반드시 보편성이 있다
─유행을 좇지 말고 그 진의를 파악하자

브랜드 스토리는 생활자 시점이 전부라고 몇 번이나 반복해서 말했다. 그런데 생활자의 가치관은 시대와 함께 변화하는 요소와 본질적으로 변화하지 않는 요소 두 가지로 나눌 수 있다.

예컨대 풀코스 고급 프랑스 요리가 축하 파티의 저녁을 상징하던 시대가 있었다고 하자. 지금은 친한 친구나 소중한 사람들을 집에 초대해 직접 만든 요리로 대접을 한다든가, 포트럭파티 같은 홈파티를 여는 편이 더 기분을 낼 수 있다고 생각하는 생활자가 많아졌다.

또한 여행지에도 변화가 생겼다. 파리의 에펠탑이나 밀라노의 대성당을 보는 것보다는, 신비로운 섬 야쿠시마의 특산물인 야쿠스기屋久杉를 보기 위해 몇 시간이나 땀을 뻘뻘 흘리는 여행에서 마음의 여유를 느낀다는 생활자도 늘고 있다. 마츠자카규松坂牛나 간사바關サバ 등

지역을 대표하는 브랜드 식자재보다는 고향에 사는 할머니가 보내준 싱싱한 토마토나 무에서 건강하고 풍요로운 기분을 느끼는 생활자도 있을 것이다.

이렇듯 생활자가 공감하는 일을 찾다보면, 다양한 지향성 속에서 절묘한 균형 감각으로 삶을 즐긴다는 사실을 알 수 있다. 대부분의 생활자는 프랑스 요리나 마츠자카규만을 먹으며 살아가지 않는다. 그렇다고 해서 야쿠시마나 싱싱한 채소만을 찾는 완전한 로하스LOHAS를 지향하는 것도 아니다. 행복한 생활을 할 수 있을 만큼 적절한 균형을 잡으며 자신의 삶을 영위해가겠다는 것이 요즘 사람들의 생각이 아닐까 싶다.

먼저 우리가 좋은 생활자가 아니라면
좋은 브랜드 스토리는 만들 수 없다

여러 가치관이 존재하고, 이들은 다양화하고 있다는 사실을 설명했다. 결론적으로 브랜드 스토리는 생활자의 마음속에 각인되는 것이어야 한다. 생활자의 욕구에 반드시 부응할 수 있는 스토리여야 한다는 것이 필수 조건이다.

새롭게 제시된 브랜드 스토리는 고객의 상상력 안에서 과거의 경험이나 소중한 추억과 이어지면서 무한히 성장해야 한다. 바로 이것이 성공적인 스토리를 만드는 비결이다. 나아가 생활자 스스로가 스토리를 구성하고 그 너머의 이미지를 키워나가게 된다면, 더없이 이상적이라 할 수 있겠다.

"완성된 스토리가 여기 있습니다" 하고 근사한 포장지로 꾸민 채 일방적으로 제공하는 것이 아니라, 아주 조그마한 틈과 여지를 남겨서 받는 사람이 상상할 수 있게끔 생활자의 경험과 상상의 세계 안에서 더 커가도록 돕는 것이 브랜드 스토리다.

받는 사람이 이미지를 키워나가는 역할을 맡은 이상 마케팅 부서는 보다 창의적으로 뇌를 움직여서 청사진을 그려야 한다. 한편 디자인 부서는 지금 이 시대의 생활자를 얼마나 정확하게 그려낼 수 있을지, 생활자 시점을 얼마나 제대로 해석할 수 있을지의 여부가 중요해진다. 어떤 입장이건 먼저 자신이 좋은 생활자가 아니라면 답을 찾기 어려우리라.

'좋은 생활자'라는 자리에 있어야만, 사람의 마음을 움직이는 브랜드 스토리를 찾아낼 수 있을 것이다.

스토리는 텔레비전 광고를 만들기 위한 것이 아니다
사람에서 사람으로 전해지는 유전자를 만들기 위함이다

심플한 스토리는 다양한 터치 포인트touch point(브랜드와 소비자가 만나는 지점─옮긴이)로 사용할 수 있다. 로고나 네이밍, 패키지 디자인, 가게 앞 POP 등을 통해 매장에서 직접적으로 전할 수도 있고, 텔레비전 광고나 광고 그래픽, 캠페인 등을 떠올릴 때도 브랜드 스토리는 그 기점이 된다. 영업이나 판매원의 세일즈 화술, 콜센터의 대응 등 인재 육성을 서포트할 수도 있다. 요컨대 심플한 브랜드 스토리는 정책으로 비화하며 유전자와 같이 상상을 초월한 속도로 사람에서 사람으로 전해질 수 있다.

또한 지금은 생활자도 인스타그램이나 페이스북, 트위터 등 자신을 발신할 수 있는 소셜 미디어를 가진 시대다. 자연스럽고 심플한 스토리는 고객에게도 마찬가지로 정확하게 전달된다.

알기 쉽고 명쾌한 스토리는 생활자가 자발적으로도 전파해서, 점점 그 정보가 증식하게 된다. 이를 위해서는 어떻게 해서든 다른 사람에게 말하고 싶어지게 만드는 매력적인 스토리를 준비해둘 필요가 있다.

'브랜드 스토리가 필요한 이유는 무엇인가?'에 관해 네 가지 시점으로 정리해보았다.

① 생활자에 관한 공감과 차이점

2차원적인 브랜드 콘셉트와는 다르게 영상 같은 다면성이 존재하기에 다양한 지향성과 결합할 수 있다. 결과적으로 그 스토리는 압도적인 차이점을 갖는다.

② 확대되는 채널에 대응

모든 것이 스토리를 기점으로 하는 까닭에, 하나의 스토리로 가게 앞 POP에서 텔레비전 광고에 이르기까지 채널의 경계를 뛰어넘어서 디자인할 수 있다. 채널이 더욱 확대되어도 폭넓게 대응할 수 있는 범용성을 갖추었다.

③ 사내에서의 명확한 공통 인식

다양한 해석이 쏟아지는 2차원적인 브랜드 정의로는 담당자 사이에 정확한 바통 터치가 이루어지기 어려운 것이 현실이다. 브랜드 스토리를 마케팅과 디자인 양 축으로 가시화하는 일은 사내 계발 측면에서도 올바른 공유화를 돕는다.

④ 글로벌 무대에서의 공통 인식

글로벌 진출을 위한 브랜드 전략은 해마다 증가하고 있다. 그간 행해진 내수 확대를 위한 정책에서는 일본 내에서만 브랜드가 공유되면 그만이었다. 그러나 글로벌 시장으로 나아가고자 한다면, 다국적 사회 안에서 어떻게 브랜드를 인지시킬 것인가가 중요해진다. 글로벌 브랜드를 만들 때, 개개인의 암묵지로 브랜드 가치를 공유해가는 일에 한계를 느낀 사람도 적지 않게 있을 것이다.

신데렐라와 같은 스토리는 명확하게 가시화된 까닭에 문화와 언어의 장벽을 뛰어넘을 수 있다. 그렇기에 깊이 이해하고, 공감할 수 있는 것이다. 글로벌 브랜드야말로 현지 상황과 세계적인 흐름에 대응한 브랜드 스토리의 접근이 절실하게 필요하다.

4 · 브랜드 스토리란 대체 무엇인가?

**일본인에게는 문맥이나 행간을 읽어내는 힘이 있다
—그렇기에 스토리는 생활자 안에서 완성된다**

이제부터는 '브랜드 스토리란 무엇인지'에 관해 이야기하겠다.

스토리라고 하면 흔히 기승전결이나 빛과 어둠, 우여곡절과 같은 과제가 나타났다가 해피엔드로 마무리되는 흐름을 가진 매우 드라마틱한 이미지가 떠오른다. 스토리에는 웃음과 눈물 등 희로애락을 느끼게 하는 요소가 있어 우리는 감정 이입을 하게 되고, 마치 내 일처럼 생생하게 받아들이고는 한다. 더욱이 이렇듯 고객이 감동하고 공감하여 마음에 새기는 것이 '스토리가 완성되는 과정'이라고 생각한다.

그러나 예를 들어 패키지 디자인은 매장에서 구입을 결정하기까지의 수 초 이내에 고객에게 인식된 후 손에 들려야 한다는 점이 요구된다. 그렇기에 진열대에서 눈에 띄어야 한다든가 임팩트가 강해야 한다는 식의 압박이 있다. 경쟁 상품보다도 먼저 눈에 뛰어드는 디자인이어야 한다는 가르침은 주술과 같이 뇌리에 박혀 있다.

광고도 마찬가지다. 어느 정도의 임팩트를 줄 것이며, 매출 향상을 위해 최대순간풍속을 낼 수 있느냐에 집중한다. 아마 '100년 후에도 이 브랜드를 유지하기 위해서는 어떻게 하면 좋을까' 하는 고민은 매출 목표의 달성에 그 우선순위가 밀리고 말 것이다.

그저 눈에 띄기 위해 발악하는 디자인에 애착이 생길 리 없다. 고객은 우리가 상상하는 것 이상으로 민감하게 디자인 속 문맥을 캐치한다.

예컨대 고체 카레ヵレールー에 '농도'나 '증량' 등을 직접적으로 표기하지 않아도 고객은 그 스토리를 읽으려고 상상한다는 사실을 잊어서는 안 된다. 고베 스타일인지, 인도 스타일인지, 호텔 스타일인지 등 고객은 당장 눈에 보이지 않더라도 디자인 안에 숨겨진 스토리를 느낄 수 있다.

충동적인 구매를 부추기기보다는
유일무이한 감정을 전달하는 쇼핑이 가치 있다

브랜드 스토리의 역할은 즉각적인 충동구매를 유도하는 것이 아니라, 좋은 생활자를 많이 획득해서 확실한 브랜드 가치를 느끼는 사람을 늘리는 것이라고 생각한다.

'브랜드 스토리란 무엇인가'를 정리해나가다 보면 즉효성이나 감성을 자극하는 일만을 추구할 것이 아니라, 지효성遲效性이 있어 서서히 스며들 듯 고객의 뇌리에 새겨지도록 하는 특징도 함께 갖추어야 함을 알 수 있다.

최종적으로 그 브랜드를 계속해서 구입하게 하는 것이 브랜드를 존속시키는 '브랜딩'이다. 그렇기에 브랜드 스토리는 한순간에 사라

져버리는 미디어가 중심이 되어서는 안 된다. 먼저 고객의 선택을 받은 후 일상 속에서 상품 디자인이나 서비스 그 자체가 브랜드 스토리를 이끌어야 한다.

무심코 멈추어 서게 되는 디자인이나 매장에는 여백이 있다
—생활자는 보이는 것 이상으로 스토리를 느낀다

아래의 사진 세 장을 함께 보자. 무엇이 떠오르는가? '여름 축제'가 떠오르는 분도 있을 테고, 어린 시절 놀러갔던 '시골 할머니 집'을 생각하는 분도 있을 테다. 분명 여러분은 이 세 장의 사진이 지닌 관계성을 열심히 생각하면서 자신이 경험해온 방대한 기억을 더듬어, '이러이러하지 않을까' 하고 행간을 읽으려는 작업을 했을 것이다.

읽어내고자 했던 바로 그 힘이 브랜드 스토리를 만드는 데 가장 중요한 포인트다. 특히 일본인은 이 행간을 메꾸려고 하는 '독해력'이

매우 뛰어나다고 생각한다. 이 말인즉슨 브랜드 스토리를 통해서 수용자(생활자)의 능력을 이끌어내는 테크닉이 만드는 쪽에서도 필요하다는 것이다.

심플하게 꾸려진 스토리가 나아가 고객 안에서 완성되는 것이야말로 좋은 스토리를 만드는 원동력이 된다.

다음 사진을 한번 보겠다. 한 백화점의 식품 매장 진열대. 첫 번째 사진부터 살펴보자. 식기 옆에 빵에 관한 그림책이 놓여 있고, 컵과 컵받침, 잼과 팬케이크 믹스가 있고, 또 그 옆에 팬케이크 레시피북이 자리잡고 있다. 어느 근사한 가정의 부엌 같은 이미지다. 그런

데 평범한 풍경이지만, 알고 보면 의아한 진열대다. 아마도 고객은 멋진 식기를 사려는 목적으로 매장에 올 것이다. 그러나 이 진열대와 마주한 순간 식기를 사러 왔다는 사실을 깜빡 잊어버리는 사람도 있지 않을까? '그러고 보니 잼이 떨어졌지!'라든가 '손자한테 이 귀여운 그림책을 사다

줄까?'라든가 혹은 '주말에 친구가 놀러온다고 했는데 팬케이크를 만들어볼까?' 등 다양한 각도에서 여러 장면을 상상할 수 있도록 이미지의 여지를 남겨둔 스토리성이 있는 진열대다.

조금 더 친근한 매장에서도 비슷한 여백이 있는 진열대를 찾아볼 수 있다. 언제나 빨간색 가격표가 붙어 있는 슈퍼마켓. 두 번째 사진에서는 채소 코너의 양배추 위에 회과육(돼지고기 양배추 볶음) 조미료가 진열되어 있다. 특가로 파는 채소를 찾던 손님과 저녁밥 메뉴를 고민하던 손님이 이 진열대 앞에서 만나게 되는 것이다. 그날 저녁밥으로 반드시 회과육을 먹을 생각이었던 손님은 없을지도 모른다. 탕수육을 만든다면 양배추 옆에 있는 피망이라든가 양파를 찾을 수도 있고 말이다. 그러나 이미 고객의 머릿속에서는 오늘 저녁 식단의 이미지가 펼쳐지고 있을 것이다. 슈퍼마켓 매장에서 우리집 식탁의 스토리가 짜여지는 풍경이다.

이렇듯 매장이 고객에게 생각할 여지를 만들어주는 까닭에 우리는 패키지 디자인이나 POP, 가격표가 각각 어떤 역할을 해야 하며 어떤 디자인이어야 하는지 다시금 생각해볼 수 있게 되었다.

5 · 제대로 된 브랜드 스토리 만드는 법

**스토리는 자극을 만드는 것이 아니라
생활자의 경험을 풀어나가는 것이다**

매장 구성을 보아도, 단순히 눈에 잘 띄는 것만을 추구하지는 않는다. 수용자는 '점点'만으로 해석하는 것이 아니라 '선線'으로 이어가듯이 전체를 해석해서 스토리를 받아들인다. 브랜드 스토리는 직감적으로 자극을 만드는 데 전념하는 일이 아니다. 천천히 오감에 침투해가듯이 생활자의 경험을 풀어내거나 쌓아올리는 것이어야 한다.

그러면 지금부터 브랜드 스토리의 구조에 관해 말하겠다. 35쪽의 도표를 함께 보자. 크게 주춧돌과 기둥으로 구성된 심플한 구조다.

먼저 '스토리의 주춧돌'부터 살펴보자. 어떤 브랜드건 보편적인 가치가 존재한다. 특히 일본에는 장수 기업이 다수 존재한다는 점을 앞서 언급한 바 있다. 미래영겁未來永劫, 그러니까 대체로 바꿔서는 안 되는 가치가 이 '스토리의 주춧돌'이다.

신데렐라를 '스토리의 주춧돌'에 빗댄다면 아름다운 성품을 지니는 게 중요하고, 어떤 일이건 도움을 주는 사람이 필요하다는 보편적인 메시지를 읽을 수 있다.

또 한 가지는 '스토리의 기둥'이다. 브랜드는 시간이 경과하면 생활자의 가치관도 변하고 경쟁 상대도 변한다. 당연히 발생하는 과제도 달라진다. 그 때문에 오래된 가치를 버리고 새로운 가치를 더해서 혁신해나가는 것이 브랜드를 지속시키기 위한 비결이다.

이 두 개의 축을 구분하지 않고 논의에 들어가면 혼란스러워진다. '주춧돌'과 '기둥'이라는 두 가지 요소를 언제나 머릿속에 정리해서 마케터와 디자이너가 함께 생각해나가야 한다.

스토리의 구조

브랜드 스토리

스토리의 기둥

과제와 새로운 가치

행동·성격·사고
갈등·해결

원풍경이 있을 것

보편적인 가치

스토리의 주춧돌

배울 점이
있을 것

지효성이
있을 것

스토리의 주춧돌

브랜드에는 변하지 않는 것과 계속해서 변하는 것이 있다
—마찬가지로 스토리에도 '주춧돌'과 '기둥'이 있다

먼저 '스토리의 주춧돌'이다. 주춧돌에는 세 가지 시점이 있다.

첫 번째는 '지효성'이다. '지효성'은 즉효성과는 180도 다르다. 생활자 입장에서 본다면 지금 당장이 아니라 시간이 지난 후 도움이 되는 요소다. 감정이나 지식이 담긴 서랍을 만들어가는 것으로, 그때그때 필요한 것을 제공하기보다는 원할 때 언제라도 꺼내볼 수 있게끔 해두는 보편적인 요소다. 생활자의 마음속 깊숙한 곳에 침투해서 천천히 스며들어가는 가치가 '지효성'이다.

두 번째는 '배울 점'이다. 생활자는 단순히 알고 싶은 정보라면 스스로 인터넷이나 주변 지인 등을 통해 자료를 수집한다. 이렇게 물건이 넘치고 정보가 포화된 상태에서는 조그만 일로는 놀라게 할 수 없다. 그 누구도 아직 모르는, 자신의 지식 수준이 올라갔다고 실감할 수 있는 '배움'을 제공해야 비로소 기쁨을 느낀다. 예컨대 최근에는 된장 담그는 법을 배우며 즐거움을 느끼는 주부가 늘고 있다고 한다. 생활자는 '사는 행위'로 배움을 얻고, 또 그를 통해 자신이 조금이라도 성장했다고 실감한다면 그 무엇과도 바꿀 수 없는 가치로 여기며 만족을 느낀다.

세 번째는 '원풍경(원래의 모습)'이다. 임팩트가 강하며 직감적인 것을 만들라는 이야기가 결코 아니다. 어디까지나 생활자의 경험과 기억을 풀어내는 것이 중요하다. 어딘가에서 본 듯한, 안심할 수 있는 정경을 만들어가는 것이다. 브랜드 스토리는 별안간 튀어나오는 '심심풀이 땅콩'이 아니다. 다큐멘터리 영화와도 같은 진실성 있는 요소를 필요로 한다는 사실을 기억하자.

보편적인 세 가지 '주춧돌'

① 지효성이 있을 것

광고나 패키지 디자인을 하는 분이라면 지금껏 알고 있던 것과는 반대의 발상이라고 느끼리라.

순간적으로 고객의 손에 들려, 구매로 이어지기 위한 임팩트 강한 디자인에 주력하는 경우가 많다. 그러나 고객은 '눈에 띈다'는 요소로 매장이나 광고를 둘러보지 않는다.

그저 무심코 눈에 들어왔기 때문에 집는 것뿐이다. 그렇다면 고객의 눈에 띄는 디자인보다는 '확실하게 알아봐주는' 물건을 만들기 위해서는 어떻게 해야 좋을까 생각하는 편이 건설적이다. 지효성의 반대말은 즉효성인데, 알아봐주는 디자인과 눈에 띄는 디자인은 전혀 다르다.

고객은 디자인을 전체적인 세계관으로 파악한다. 그러나 공급자인 우리는 하나하나 세밀하게 파악하여 디자인을 구축해간다. 고객의 시점에서 생각한다면, 브랜드는 전체적인 이미지로서 천천히 바라보는 사람의 마음에 새겨지는 것이 자연스럽다. 수용자는 그 하나하나의 틈에 존재하는 만든 이의 생각을 분위기 속에서 정확하게 읽어낸다.

순발력 있는 메시지를 던지면 고객은 무심결에 반응해서 구입하거나, 사진을 찍어 자신의 SNS에 올릴지도 모른다. 그러나 이는 한순간의 사건으로 끝나버리고 만다.

여기에서 생각해야 할 것은 계속해서 구입하게 하는 원동력이다. 재구매로 이어지는가의 여부가 상품력의 전부라는 이야기를 하는 것이 아니다. 그보다는 커뮤니케이션 활동 그 자체가 고객이 재구매할 만큼의 원동력을 만들어준다고 봐도 무방할 것이다. 고객의 선택을 받는 것만이 매장 디자인이나 패키지 디자인의 역할은 아니다. 디자인 너머에 있는 '미래 삶의 방식'까지 들여다볼 수 있는 것이 고객이다. 생활자는 단순한 발상으로 브랜드를 선택하지 않는다.

어쨌든 우리는 끈기 있게 스토리를 전해나가야 한다. 생활자의 서랍에 담긴 지식을 늘리는 데 도움을 주는 지효성이 깃든 요소가 있다면, 고객은 미래에 마주하게 될 문제를 위해 스토리를 소중하게 보관할 것이다. 비록 그 순간 그 브랜드를 사지 않더라도 다음 기회가 왔을 때 기억해내리라.

극단적으로 말하자면 물건은 사지 않아도 그 이름만이라도 기억하고 돌아가길 바라는 의식이 '스토리 만들기'에는 필요하다. 또한 인스타그램이나 페이스북 등의 SNS를 활용해서 '자신의 브랜드'를 만드는 사람들과 함께 성장해나간다는 생각도 할 수 있겠다. 지효성이 깃든 요소가 존재한다면 보다 심도 있게 고객과 함께하는 스토리를 만들어나갈 수 있을 것이다.

② 배울 점이 있을 것

두 번째는 '배운다'는 것이다. 이제 고객은 '안다'는 것만으로는 만족할 수 없게 되었다. 이미 다양한 미디어를 통해 많은 일을 '알고 있으며', 언제나 친구들과 연결되어 있는 까닭에 신뢰성 있는 정보를 가졌다는 자부심이 있다. 따라서 어중간한 정보를 제공했다가는 오히

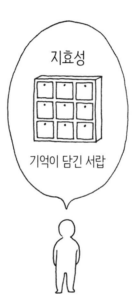

지효성

기억이 담긴 서랍

려 부정적으로 작용할 가능성도 있다. 이렇게 물건이 넘쳐나는 상황에서는 그 브랜드를 사야 하는 목적이 명확해야 한다. 단순히 독특하다거나 디자인이 예쁘다는 등의 이유는 더는 통하지 않는다. '산다'는 행위를 두고, 자신의 삶 속에서 언제나 그 의미를 찾을 수 있어야 한다.

요컨대 브랜드에는 고객의 구입 의식을 계속해서 성장시킬 수 있는 '배울 점'이라는 주춧돌이 반드시 필요하다는 말이다. 브랜드가 성장하면 생활자도 성장한다. 그에 따라 브랜드도 더욱 갈고닦아서 혁신을 거듭하는 선순환을 만들어낼 수도 있다.

더 많이 알고 이해하게 되면서, 마치 인간이 성장하는 것처럼 브랜드도 반짝반짝 빛이 난다. 요즘 지방에 활기를 불어넣고 있는 전통 공예가 좋은 예다. 만드는 사람의 정보, 옛날부터 그 모습을 간직해온 지역의 역사와 풍토 등 다양한 에피소드가 존재하기에 물건으로서의 가치를 뛰어넘어 공예 자체를 응원하고 싶은 마음이 든다. 이미 알고 있다고 생각하던 지식 위에 새로운 지식이 쌓이면서 더 나은 삶을 지향하는 생활자가 성장함에 따라, 그 브랜드에도 굳건한 가치가 더해지게 된다.

만드는 사람의 정보
지역의 풍토와 역사

배우고 싶은 생활자

입소문   먹어본다   본다

③ 원풍경이 있을 것

세 번째는 '원풍경'에 관한 것이다. 원풍경이란 사람의 마음이나 기억 깊은 곳에 자리한 원시의 풍경을 말한다. 실재하는 풍경만이 아니라, 하나의 이미지로 자리잡은 풍경인 경우도 있다. 생활자의 가치관이나 사고방식에 따라 변하기 때문에 컨슈머 인사이트가 중요하다.

재미있는 에피소드가 한 가지 있다. 우리 고향집에서는 아직도 다이얼식 전화기를 사용한다. 그런데 어느 날 현관과 전화기를 연결하는 인터폰을 수리하고자 20대 수리공이 방문한 적이 있다. 그는 수리를 하던 중 다이얼을 끝까지 빙빙 돌리지 않은 채로 전화를 걸려고 했다. 80대에 접어든 아버지는 그 모습에 깜짝 놀라 전화기 사용법을 자세히 알려주었다고 하는 이야기다.

이 이야기의 포인트는 20대와 80대 사이에 '전화를 거는 원풍경'이 크게 달라졌다는 점이다. 20대 수리공이 바라보기에 다이얼을 돌리는 행위는 더는 '전화를 거는 일'이라고는 생각할 수 없다. 원풍경도 없고, 애초에 다이얼을 돌리며 전화를 걸었던 경험이 없는 것이다.

'iPhone' 등의 스마트폰이 당연한 세대의 원풍경에서 다이얼식 전화기는 사라진 지 오래다. 휴대전화가 아직 없던 시대에 좋아하는 아이의 집에 전화를 걸면서, 혹시 그 애의 아버지가 받지는 않을까 단단히 마음 졸였던 달콤쌉싸름한 추억도 없을 것이다.

텔레비전도 다이얼식에서 버튼이나 리모컨식으로 바뀌었듯이, 전자제품이나 IT 기기처럼 진화해가는 기술 브랜드는 더욱 맹렬한 속도로 상품이 갖는 원풍경이 진화한다.

예컨대 나는 솥으로 지은 밥을 먹어본 적이 없다. 단지 원풍경에 따라 '솥으로 지은 밥은 분명 맛있을 것이다'라는 믿음은 있다. 그런데

이는 영화나 드라마를 통해 습득한 것이지, 나의 경험은 아니다. 그저 솥으로 밥을 짓는 장면을 보았을 뿐인데, 그로 인해 절대적인 신뢰를 갖게 되는 것이다.

전기밥솥도 진화한다. 그런데 고가의 제품일수록 아궁이나 직화 취사 등의 단어가 따라붙는다. 기술의 진화뿐만 아니라 원풍경으로 연결되는 시각적인 이미지나 어휘 역시 반드시 짝을 이루게 된다는 점이 흥미롭다. '밥을 짓는다'는 행위는 텔레비전이나 전화와는 달리 미각이 영향을 미치기 때문에 원풍경이 매우 중요한 카테고리임을 알 수 있다.

'코카콜라' 병이 시각적으로 아이콘화되었다든가, 감자튀김으로 디자인된 노란색 M 마크가 '맥도날드'로 인식되는 것처럼 오감에 호소하는 원풍경은 보편성이 있으며, 심벌이 될 만한 가치를 지닌다. 원풍경은 심플하게 스토리를 전달할 수 있는 최고의 수단이다.

또한 원풍경이 필요한 카테고리는 브랜드와 사람의 관계에 비례한다고 생각한다. 예컨대 몸속으로 들어가는 음료나 먹을 것을 선택할 때 그 원풍경이 매우 중요해진다. 우유라면 하얗고 큰 소가 한가로이 풀을 뜯는 목가적인 이미지를 떠올릴 때 이상하게 안심이 된다. 그래서 우유는 비슷한 디자인이 많은 건지도 모르겠다. 몸에 바르거나 붙이는 상비약도 엄마의 다정한 손길을 떠올릴 수 있느냐에 따라 그 이미지가 달라진다. 이렇듯 고객 한 사람 한 사람의 기억과 추억을 더듬어 각각의 '원풍경'을 찾는 것이 중요한 주춧돌이 된다.

자신의 공간에 놓여 있다

자신의 옆에 있다

원풍경

몸속에 들어간다

스토리의 기둥

브랜드는 계속해서 살아간다
—역경을 이겨내기에 해피엔드가 있다

다음은 스토리의 기둥이다. '주춧돌'은 대체로 변하지 않지만, '기둥'은 시대 분위기와 함께 언제나 변화한다. 다섯 가지 요소(플롯)로 구성된다.

플롯plot이란 '쓰다, 묘사하다, 점을 찍다, 놓다' 등의 의미를 갖는다. 스토리의 전체적인 틀이나 개요를 말하는데, 즉 브랜드 스토리의 설계도다. 작가도 플롯을 짜지 않은 채 소설을 쓰기 시작하면 앞뒤가 맞지 않는다거나, 도중에 이야기가 막혀버릴 위험성이 있다. 브랜드 스토리도 근거가 중요하기에 소설과 마찬가지로 착실히 플롯을 생각해야 한다.

1. 이 스토리의 세일즈 포인트는 무엇인가?＝매력 요소

2. 언제?＝시대

3. 어디에서?＝장소

4. 누가?＝주인공

5. 왜?＝동기

6. 무엇을 할 것인가?＝목적

7. 주인공의 적은 누구인가?＝악역

8. 어떻게 시작할 것인가?＝첫머리

9. 마지막에는 어떻게 될 것인가?＝끝머리

이 아홉 가지 항목을 생각해나가다 보면 스토리의 골격이 완성된다. 그러나 우리가 만들고 싶은 것은 브랜드 스토리지 소설이 아니다. 브랜드를 만들 때는 '스토리의 기둥'으로서 최소한 다음과 같은 다섯 가지 플롯이 필요하다.

행동 → 기능적 가치, 가치의 근거
성격 → 정서적 가치, 퍼스낼리티(개성, 특성)
사고 → 브랜드 이념, 비전
갈등 → 현재 떠안은 과제
해결 → 고객에게 제공하고 싶은 가치

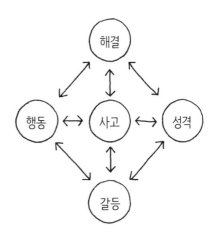

스토리의 기둥
'다섯 가지 플롯'

기존 플랫폼의 범위로 바꾸어 말하면 '행동'은 기능적 가치와 가치의 근거, '성격'은 정서적 가치와 퍼스낼리티를 의미한다. '사고'는 브랜드 이념, 목표로 삼는 비전이다. '갈등'은 현재 떠안은 과제이며 '해결'은 장차 고객에게 제공하고자 하는 가치, 비전으로 바꿀 수 있다.

사실 플랫폼도 브랜드 스토리를 만드는 다섯 가지 플롯도 포인트는 같다. 스토리의 형태를 갖추기 위해 다섯 가지 플롯으로 구성했지만, 그와 동시에 다섯 가지 플롯 전체의 상호 관계를 생각하는 것이 중요하다.

기존 플랫폼과 같이 정서적 가치나 기능적 가치 등 표현하기 어려운 어휘를 열거하는 것보다 훨씬 감정 이입하기 쉽고, 생각하기도 쉬울 것이다. 행동이나 성격 등 의인화하는 과정에서 입체적인 스토리로 바꿀 수 있다는 것이 이 다섯 가지 플롯이 갖는 매력이다.

예컨대 브랜드 스토리를 인생에 비유하면 이야기는 한층 쉬워진다. 주인공이 되어 그 비전을 생각해보거나 행동을 멋지게 설정하면 이상적인 인물이 될 수 있다. '어떤 성격이어야 그 문제점을 해결할 수 있을까' 하는 등 그야말로 자신의 인생을 그려가는 의식에 가깝다.

○ '사고'란 브랜드가 갖는 비전이나 이념, 결코 흔들리지 않는 신념이나 몸의 일부가 된 사상

'주인공의 사고(DNA)'로 바꾸면 → 비전, 이념

○ '행동'이란 브랜드가 갖는 기본적인 태도

원동력이 되는 가치인 '주인공의 행동(태도)'으로 바꾸면
→ 가치의 근거, 기능적 가치

○ '성격'이란 브랜드가 갖는 제품 이외의 무형의 요소

　감정이 있는 가치인 '주인공의 성격(감성)'으로 바꾸면
　→ 퍼스낼리티, 정서적 가치

브랜드 스토리를 만들고자 한다면
브랜드에도 제대로 된 인생이 있다고 생각하자

스토리 만들기가 재미있어지는 것은 지금부터다.

　'해결'과 '갈등'이 중요한 플롯이 되는 것도 브랜드 스토리의 흥미로운 점이다. 사건이 있기에 해피엔드가 있는 법이니까 말이다. 언제나 밝음과 어둠이 동전의 양면처럼 구성되어 있다. 무심코 누군가에게 이야기하고 싶어지는 스토리는 마치 영상처럼, 전체적인 움직임이 생생하게 떠오른다. 그 스토리에는 희로애락의 감정이 반드시 들어 있는 까닭이다.

　브랜드 전략은 템플릿이나 포맷 안에 근사한 말을 넣어서 만드는 것이 아니다. 가능한 한 짧은 문장으로 만들어서 임팩트를 중시하는 경우가 많은데, 이렇듯 안이한 심플함을 추구하는 것도 아니다.

　내가 브랜드 스토리에서 중요하게 생각하는 것은 키워드의 나열도 아니고, 하나의 단어로 간결하게 표현하는 콘셉트도 아니다. 꿈이 있고, 비전이 명료하며, 기승전결과 우여곡절, 빛과 어둠이라는 흐름이 있으면서 스토리의 주춧돌과 기둥을 갖춘 것이 브랜드 스토리라고 할 수 있다.

　스토리를 설명하는 데는 아무래도 시간이 걸리며, 이야기가 길어질 수밖에 없다. 스토리를 만드는 한 끈기 있게 생활자에게 설명하겠다는 각오가 필요하다. 충동적인 쇼핑을 부추기기보다는 감정 이입

할 수 있는 쇼핑을 유도하는 것이 훨씬 가치 있다. 확실한 브랜드 가치를 느끼는 사람을 만들어내는 것은 그 나라에 좋은 생활자가 늘고 있다는 이야기가 된다. 특히 일본과 같은 브랜드 성숙 시장에서는, 만드는 쪽이 소비의 '속도'와 '질'을 균형 있게 배분할 줄 알아야 한다. 생활자와 하나가 되어 그들이 원하는 소비의 방법을 제대로 이해할 필요가 있다.

브랜드 스토리는 곧바로 매출 확대로 이어지는 즉효성 있는 정책이 아니다. 그러나 결정타가 될 수는 있다. 또한 포화 상태의 시장에서는 근본적인 해결책이 필요한데, 이때야말로 브랜드 스토리가 말하는 '급할수록 돌아가라'는 발상에 주목해야 한다.

인생과 같은
브랜드 스토리

새로운 브랜드 ⟶ 멋진 브랜드

2장

사례:
지효성이 있을 것

2장부터 4장까지는 2013년 2월부터 2014년 6월까지 잡지《닛케이 디자인》에 연재했던 〈스토리를 만들자! 디자인에 활용하자!〉 중에서 추려낸 열네 가지 사례를 살펴보겠다. 1장에서 말한 '스토리의 주춧돌'에 주목해서 세 가지 카테고리로 나누어 소개하려 한다.

첫 번째는 '지효성이 있을 것'이다. 지효성이란 브랜드 스토리의 주춧돌로서 생활자의 지식이나 경험이 담긴 서랍을 만드는 것이라고 설명했다.

여기서는 미쓰코시 이세탄 홀딩스三越伊勢丹ホールディングス가 리뉴얼한 '쇼핑백'과 다카라 주조宝酒造의 기업 이념을 보다 강력히 공유하기 위해 언어화한 '보물은 논에서宝は田から('다카라와 다카라'로 발음하는데, '다카라'라는 말이 중복된 언어유희의 성격을 띤다—옮긴이)', 홋카이도 기념품의 대명사인 이시야 제과石屋製菓의 '시로이 고이비토白い恋人', TSUTAYA 등과 협업한 북디렉터 '하바 요시타카幅允孝의 작업' 등 네 가지 사례를 언급하겠다.

먼저 미쓰코시 이세탄의 새로운 '쇼핑백'은 지금도 전통을 이어가는 스토리 그 자체다. 지역성과 개성, 혁신성이 포개지며 고객이 깊고 단단하게 공감할 수 있는 유대감을 만들었다.

다카라 주조도 마찬가지다. 심오한 기업 이념을 '보물은 논에서'라는 스토리로 집약해내며 수많은 상품 디자인과 커뮤니케이션 정책 매니지먼트를 구현화했다. '왜 그런 디자인일까' 하는 의문의 해답을 찾아가면 그 끝에는 반드시 '보물은 논에서'라는 지효성 깃든 스토리가 기반이 되어 있음을 확인한 사례다.

'시로이 고이비토'는 내국인뿐만 아니라 외국인 관광객에게도 아주 인기 있는 선물용 과자다. 그러나 몇몇 예외를 제외하고는 다른 지역에서 쉽게 찾아볼 수 없다. 어디까지나 생산지인 홋카이도를 기반으로 한다. '100년 기업'으로 도약하기 위해서는 본고장인 홋카이도에서 더욱 친근감 있는 브랜드가 되어야 한다는 확고한 스토리를 가지고 있다. 지역 고객을 위한 낱개 판매라든가, 카페나 놀이공원 등에서 진행하는 프로젝트 등 이시야 제과의 독특한 정책에 관해 소개한다.

마지막은 북디렉터 '하바 요시타카의 작업'이다. 하바 씨가 작업하는 서점의 진열대를 보면, 왠지 책을 사고 싶은 마음이 절로 든다. 지식의 서랍을 여닫게 하는 신기한 느낌이 감돈다. 서점인 동시에 한편으로는 뇌를 자극하는 정보가 계산적으로 진열되어 있는 매장인 까닭이다. 하바 씨가 생각하는 '지효성과 지식의 서랍'에 관해 매우 흥미로운 인터뷰도 진행했다.

자, 이제부터 '지효성'이라는 시점에서 네 가지 사례를 함께 살펴보자.

사람과 거리를 장식하는 스토리
── 미쓰코시 이세탄 홀딩스 '새로운 쇼핑백'

2014년 4월 1일 미쓰코시는 쇼핑백을 리뉴얼했다. 백화점 선언을 한지 110년이 되는 해다. 유젠友禅(비단 등에 인물·꽃·새·산수 따위를 선명하게 염색하는 일—옮긴이) 작가이자 인간 국보인 모리구치 구니히코森口邦彦가 전통과 혁신 너머에서 결실을 맺은 자유를 테마로 해서 디자인했다.

한편 2013년 10월에는 이세탄의 쇼핑백인 타탄 체크tartan check도 새로운 모습을 선보였다. 이세탄의 상징이라고 할 수 있는 타탄 체크가 리뉴얼된 것은 등장 이래 처음 있는 일로, 55년 만이다. 새로운 타탄 체크는 전 세계의 타탄 체크를 일괄 관리하는 스코틀랜드 타탄 협회에 '맥밀란/이세탄'이라는 이름으로 정식 등록되었다. '맥밀란/앤시언트'로 지칭되던 기존의 타탄 체크에서 검은색 선을 빼내어 최대한 스코틀랜드의 원형에 가깝게 디자인한 것이다. '쇼핑백 리뉴얼은 어떤 스토리를 기반으로 두고 진행한 것인지' 미쓰코시 이세탄 홀딩스 홍보부 관계자로부터 작업 과정에 관한 이야기를 들을 수 있었다.

홍보부는 쇼핑백을 포함한 모든 커뮤니케이션 전략을 논의하는 데 앞서 미쓰코시와 이세탄, 양쪽의 원점을 파헤쳤다. 두 회사 모두 모체

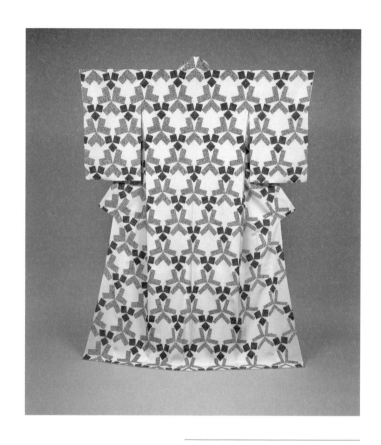

모리구치 구니히코가 디자인한 나들이용 기모노

인 포목점으로 창업했을 당시부터 일본식 복장인 와소和裝의 가치를 높여왔다. 미쓰코시는 1673년(엔포 원년) 에치고야越後屋라는 이름으로 창업했고, 이세탄은 1886년(메이지 19년) 이세야탄지고후쿠텐伊勢屋丹治吳服店이라는 이름으로 창업했다. 미쓰코시는 와소의 풍경을 만들어내며 에도 거리의 색채를 자아냈다.

메이지 시대에는 포목점이 다양한 문양으로 경쟁을 벌였는데, 사람들은 '미쓰코시' 하면 겐로쿠元祿 문양, '이세탄' 하면 고슈덴御主殿(에도 시대 귀족 가문의 여인을 칭한 말에서 유래―옮긴이) 문양을 떠올렸다. 에도 시대의 유행을 선도하는 발신지로서 문양을 만들어낸 곳은 에치고야(현재의 미쓰코시)였다. 그 후 메이지 시대에 이르러서는 미쓰코시 포목점의 도안 주임이었던 아르누보Art Nouveau의 천재적인 디자이너 스기우라 히스이杉浦非水가 세련된 이미지를 강조하는 작업에 몰두한다. 미쓰코시는 언제나 시대의 변화에 앞장서서 참신한 디자인을 만들어왔다. 문양으로 경쟁해온 역사를 토대로 전통과 혁신의 너머에 있는 자유를 구현하는 일이 '미쓰코시만의 정체성'으로 이어진 것이다.

2014년 4월부터 선보인 미쓰코시의 새로운 쇼핑백은 전통적인 유젠 기법을 사용하여 표현한, 말하자면 그래픽 디자인이라고도 할 수 있는 대담한 문양이다. 모리구치가 생각하는 '전통과 혁신 너머에서 결실을 맺은 자유' 그 자체로 다가온다. 나들이를 위한 기모노인 '시로지이소와리츠케몬 미노리白地位相割付文 実り'라는 이름의 디자인은 다닥다닥 열매를 맺은 사과가 기하학적 문양으로 표현되어 있다.

큰 무늬에 우아함이 더해진 화려한 겐로쿠 문양, 모리구치의 유젠 염색이 갖는 자유로움이 미쓰코시가 취하는 태도와 일치한다. 유젠 기술은 17세기 중반 미쓰코시의 창업과 시기를 같이해 탄생했으며, 우키요에浮世絵와 마찬가지로 에도 시대가 추구한 자유의 심벌로 전해진다. 어느 영역에 속할지 정의하지 않았던 모리구치의 정신에서 태어난 자유가 미쓰코시와 딱 들어맞았던 것이다.

한편 이세탄은 메이지 시대 다른 노포 포목점과의 차별화를 위해, 여성의 액세서리인 허리띠에 일찍이 주목한 바 있다. 그런데 '이세탄' 하면 떠오르는 상징물은 타탄 체크 쇼핑백이다. '허리띠는 이세탄'으로 불리던 시절도 있었는데, 어째서 타탄 체크가 더 주목받게 된 것일까. 그 역사는 전후 이세탄의 재건과 함께한다.

이세탄은 영국 여왕의 대관식을 계기로 유행하게 된 클랜 타탄clan tartan(씨족 고유의 타탄 체크)을 테마로 1956년 '틴에이저 숍'을 오픈한다. 스커트와 머플러, 모자, 양말 등 차례차례 상품을 확대하고, 이후 전 매장에서 사용하는 쇼핑백에 타탄 체크를 채용했다. 이미 그 당시부터 쇼핑백을 패션 아이템의 중요한 요소로 파악했음을 알 수 있다. 이 쇼핑백을 들고 다니는 것이 10대 아이들 사이에서 유행하면서 이세탄의 상징이 되었다는 이야기다. 메이지 시대 노포 포목점의 후발 주자로서 차별화를 추구하고자 허리띠를 장식미의 핵심으로 파악했던 이세탄의 '패션에 대한 제안'은 전후 타탄이라는 장식을 갖고 재출발하며 이번에는 원점과 미래를 연결하는 데 성공했다.

바로 여기에 이세탄이 추구하는 '패션의 원점'이 있다. 그런 그들이 이번에는 '타탄의 원점'으로 돌아가고자 새롭게 오리지널 원단을 짜서 '맥밀란/이세탄'이라는 이름으로 정식 등록했다. 이번 리뉴얼에서는 우산과 스웨터, 인형 등의 오리지널 상품에도 맥밀란/이세탄을 사용했다.

미쓰코시

과거

현재

이세탄

과거

현재

위   미쓰코시와 이세탄의 쇼핑백 변화

아래   이세탄의 로고마크는 옷 상표와 같이
쇼핑백 안쪽에 있다. 로고마크를 내세
우지 않음으로써 패션을 코디하는 아
이템이라는 발상을 관철하고 있다.

위	기모노를 위해 만들었던 문양 '미노리'를 모리구치 구니오가 쇼핑백을 위한 도안으로 재작성했다.

아래	새로운 타탄 체크를 디자인하여 '맥밀란/이세탄'이라는 이름으로 정식 등록했다.

놀라운 것은 약 340년 역사를 가진 미쓰코시와 약 130년 역사를 가진 이세탄이 오늘날까지 이어온 스토리의 변천이다. 미쓰코시는 문양의 장식을 지향하며 염색의 자유를 추구하는 유젠으로, 이세탄은 허리띠의 장식을 지향하며 직조로 장식미를 추구하는 오리지널의 타탄 체크로 이어왔다. '염색'과 '직조', 장대한 스토리의 융합이다.

한편 철저히 고객 시점에서 바라보아야 이 스토리를 현대로 연결할 수 있다. 고객이 가장 많이 보는 것, 가장 많이 사용하는 것을 '시각적 배려visual hospitality'로 파악한 후 여기에 쇼핑백을 접목시켰다. 결코 로고마크가 아니었다는 점이 독특하다.

쇼핑백은 고객 시점에서 바라볼 때 패션 아이템인 동시에 액세서리가 되기도 한다. 우에다 요시히코上田義彦가 촬영한 광고 사진은 '하이패션 브랜드를 초월한 포지셔닝으로 정착한 아이템'이라는 인식이 표현되어 있다.

또한 각각 고유한 개성을 가진 장소로 만들기 위해 매장 콘셉트도 명확하게 설정했다. 예컨대 이세탄 신주쿠점은 '패션 뮤지엄', 미쓰코시 긴자점은 '도쿄에서 가장 감각 있는 백화점', 미쓰코시 니혼바시점은 '컬처 리조트 백화점'을 표방하는데, 이는 백화점이 거리와 사람과 공존함을 상징한다.

인터넷은 발달했고, 골목마다 편의점이 들어서 있다. 언제 어디서나 무엇이든 살 수 있는 시대, '백화점에 가야 할 필요성'을 설득하기 위해서는 사람이 모이는 장으로서 지역성과 개성, 혁신성이라는 세 가지 요소가 포개져야 한다. 특히 보이지 않는 무형의 것을 느끼게 하는 새로운 쇼핑백은 거리와 사람을 형형색색 빛나게 할 것이다.

미쓰코시 이세탄
새로운 쇼핑백

스토리의 기둥

– 미쓰코시와 이세탄의 원점 파헤치기
– 사람의 눈을 장식하다
– 쇼핑백도 패션 아이템이다
– 서로 다른 개성
– 원점과 미래를 잇는 문양

와소의
문화적 가치

스토리의 주춧돌

'염색'과
'직조'의 융합

철저한
고객 시점

미쓰코시 니혼바시점의 한정 광고 비주얼. 에도 시대 니혼바시에 존재했던 소방조직 '이쿠미(ぃ組)'의 소방수를 통해 새로운 쇼핑백을 선보이며 스토어 콘셉트를 구현했다.

사진가 우에다 요시히코의 광고 비주얼. 쇼핑백을 중요한
패션 아이템의 하나로 표현하고 있다.

대담 × **니시무라 후미타카**西村文孝 영업본부 선전부 본사담당과 부장

× **가토 도모네**加藤友音 본사담당 시니어 매니저

× **가쿠타 가즈히코**角田和彦 본사담당 매니저

× **고바야시 아키코**小林明子 광고담당 매니저

호소야 이번에 쇼핑백을 리뉴얼했는데요. 그 바탕이 된, 브랜딩의 근간을 이루는 생각은 무엇인가요?

니시무라 브랜딩 프로젝트를 추진해나갈 때, 가장 먼저 시작한 것은 기본 방침을 명확하게 공유하는 일이었습니다. 고객이 가장 많이(언제나) 손에 들고, 가장 많이(언제나) 보는 것, 가장 많이(언제나) 사용하는 것은 기업의 명예를 걸고서라도 연구해야 한다고 생각했지요. 고객에게 전달할 때는 정열이라고 해야 할까, 모든 것을 쏟아붓자고 약속했는데 그 첫 타자가 쇼핑백과 전단지였습니다. '시각적 배려'라는 콘셉트를 내세워서 고객의 시각적인 가치를 중시하고, 기품과 품격을 두루 갖춘 '기격氣格'을 의식하면서 새로운 쇼핑백을 디자인해보자고 생각한 겁니다.

호소야 미쓰코시와 이세탄은 각각 모체가 다르지만 기본 방침은 같다고요?

니시무라 미쓰코시는 지금으로부터 341년 전, 이세탄은 128년 전에 창업했습니다. '에도'와 '메이지'라는 시대의 차이는 있지만, 두 곳 다 포목점에서 출발했다는 점에서 같은 DNA를 가졌다고 볼 수 있지요. 이번 프로젝트에서도 '와소의 문화적인 가치'에 대한 인식을 같이했

고, 이를 쇼핑백에 반영했습니다.

호소야 와소의 문화적인 가치란 어떤 의미인가요?

니시무라 '사람의 눈을 다채롭게 하는 것'인데요. '겉모양의 배려'라고도 말할 수 있을 듯합니다. 예를 들어 교토는 분지여서 여름에 매우 덥습니다만, 양산을 쓰고 사紗(성기고 발이 얇은 견직물—옮긴이)로 만든 기모노를 입은 여성을 보면 어쩐지 산뜻한 느낌을 받습니다. 물론 본인은 덥겠지만 '와소의 배려'가 드러나는 사례라고 할 수 있겠죠. 이렇듯 얼마나 사람의 눈을 다채롭게 하느냐가 중요합니다.

에도 시대 거리의 색채는 기모노가 만들었다고 해도 과언이 아닌데요. 사람들의 눈 또한 즐겁게 했습니다. 현대의 쇼핑백도 그와 같은 역할을 짊어지고 있지요. 기업의 '광고탑'이라기보다는 고객의 눈높이에서 바라봤을 때 '시각적 배려'인 동시에 '겉모양의 배려'가 드러나는 도구라고 할까요?

호소야 이번에 이세탄의 타탄 체크도 바꾸었는데요.

니시무라 '이세탄' 하면 '타탄 체크 쇼핑백'이 바로 떠오를 정도로 타탄 체크는 상징적인 존재입니다. 오랫동안 일본에서 타탄의 보급에 공헌한 덕에, 2012년에는 스코틀랜드 타탄 협회로부터 '타탄 어워드'를 수상하기도 했지요. 그래서 그 수상을 계기로 '타탄이란 무엇인가' 다시금 생각하며, '이세탄 타탄'의 원점으로 돌아가보자고 정한 겁니다.

1957년 무렵 '틴에이저 숍'으로 큰 인기를 끌었던 '맥밀란/앤시언트'를 쇼핑백으로 채용한 후, 차차 이세탄 전체로 확대했습니다. 전후 이세탄 신주쿠점의 건물은 1952년경까지 연합군이 주둔한 적도 있었고, 본격적인 영업 개시가 타사에 비해 늦었던 탓에 말하자면 맨바

닥에서 시작했던 것과 다를 바 없었죠. 틴에이저 숍도 미국의 패션을 연구하면서 만들었습니다. 쇼핑백도 선전하는 역할을 한다기보다는, 이미 그 당시에도 패션 아이템과 액세서리로서 인식되었는데요. 이 정체성을 재검토해서 다시 한번 이세탄 오리지널의 타탄을 만들어보자는 이야기가 나왔습니다. 바로 '맥밀란/이세탄'이라고 부르는 지금의 타탄이지요. 기존의 '맥밀란/앤시언트'에서 검은 선을 빼고 빨강과 노랑, 녹색으로 구성했습니다. 전 세계의 타탄을 관리하는 스코틀랜드 타탄 등록소에도 '맥밀란/이세탄'으로 정식 등록했어요. 우리회사의 오리지널 타탄이기 때문에 독자적인 상품 개발 등 다양한 부문에서 사용할 수 있지요.

호소야 새로운 쇼핑백은 '이세탄의 로고'가 겉에서는 보이지 않네요.

가쿠타 그 부분에는 좀 이견이 있었습니다. '로고는 보이지 않지만 타탄만으로도 이세탄이라는 것을 알 것이다'는 의견이 많았는데요. '겉모양의 배려'로 생각하면 광고탑이 아니라 패션 아이템으로서의 쇼핑백인 겁니다. '원점으로 돌아간다는 의미에서도 로고는 없는 게 낫겠다'는 의견도 나왔습니다. 그런데 앙케이트 조사를 해보니 '역시 로고는 있어야 한다'는 의견도 있어서 결국 안쪽에 넣게 되었죠. 패션 아이템이기 때문에 쇼핑백 포스터를 촬영할 때도 유명 브랜드의 고급 가방과 똑같은 작업 과정을 따랐습니다.

호소야 공식 주제가인 〈ISETAN-TAN-TAN〉의 프로모션 비디오도 매우 독특하더라고요. 실제 직원분들이 곡에 맞춰 춤을 춘 건가요?

고바야시 네. 이세탄의 열렬한 팬이라고 말하는 아티스트 야노 아키코

공식 주제가인 〈ISETAN-TAN-TAN〉에 맞춰 사원들이
춤을 추고 있는 사진을 광고 비주얼에도 사용했다.

矢野顕子 씨가 '맥밀란/이세탄'의 탄생에 맞춰 새로운 댄스곡을 만들어 주셨는데요. '이 곡으로는 춤출 수밖에 없겠구나' 싶더라고요. 하하. 바로 댄스 프로젝트를 시작하고 사내에서 '댄서'를 모집했는데, 전국에서 500명이 넘는 분들이 모여주셨습니다. 안무는 가수 퍼퓸Perfume 의 연출을 담당하는 MIKIKO 씨에게 부탁했습니다.

촬영 당일 참가자 전원이 모여서 열심히 연습한 덕분에, 아주 멋진 영상이 완성되었습니다. 사원 모두가 같이 춤을 추니 하나된 분위기가 조성되면서 일체감을 느꼈지요.

호소야 이세탄을 상징하는 또 하나의 타탄인 '블랙 워치'도 리뉴얼할 생각인가요?

니시무라 네. 지금 프로젝트를 추진하고 있습니다. '블랙 워치/이세탄 맨즈' 오리지널을 만들고 있어요.

호소야 자, 패션 아이템으로서 활용되는 쇼핑백인데요. 이세탄은 어떤 고객을 타깃으로 생각한 건가요?

니시무라 창업 당시부터 이세탄은 확실한 포지셔닝을 구축했습니다. 바로 '도쿄의 야마노테山の手(대표적인 중산층 거주 지역―옮긴이)'인데요. 지금이야 제2, 제3의 야마노테가 생겼습니다만, 옛날로 치면 에도성 근방과 서쪽에 있는 무사 저택 지역인 고지마치, 우시고메, 요쓰야, 아카사카, 아자부, 고이시카와 등에 사는 중산층이라고 할 수 있지요. 지금도 프로모션 타깃은 여전히 '도쿄 토박이'를 강하게 의식하고 있습니다. 그분들을 제외시키는 일은 없을 겁니다. 결코 연령으로 말하는 것은 아니지요.

호소야 4월에는 미쓰코시도 새로운 쇼핑백으로 바꾸었습니다.

가쿠타 유젠 작가이자 인간 국보인 모리구치 구니히코 선생님이 작업을 맡아주셨습니다. 기모노 제작을 위해 만든 '미노리'라는 이름의 디자인을 미쓰코시의 쇼핑백에 맞춰서 재설계해주셨는데요. 기하학적인 문양도 배치했고, 염색도 새롭게 해주셨습니다. 쇼핑백 사면의 검은 부분이 각기 달라서 무늬가 마치 움직이는 듯이 보입니다. 쇼핑백 사이즈에 맞추고자 기모노 무늬도 좁게 바꾸었지요.

가토 　모리구치 선생님은 파리 유학 시절 그래픽 디자인을 공부하셨습니다. 유젠이라는 전통적인 기법을 사용하면서도 항상 새로운 표현을 추구하시지요. 미쓰코시는 언제나 혁신을 넘어서는 자유로움을 부르짖는 까닭에 전통을 만들어올 수 있었습니다. 이번 쇼핑백 리뉴얼 작업을 통해 미쓰코시가 가꾸어온 자유와 혁신을 제대로 표현했다고 생각합니다.

가쿠타 　포스터를 살펴보면 에도 시대의 지역 소방조직이었던 '이쿠미'가 사다리에 올라서 쇼핑백을 들고 있습니다. 이쿠미는 에도의 중심인 니혼바시 근처를 담당했고, '제일 낫다'는 좋은 의미도 지니고 있습니다. 전통과 혁신, 자유를 상징하는 좋은 그림이 나왔다고 생각합니다. 니혼바시 본점은 '컬처 리조트 백화점'을 매장 콘셉트로 내걸고 앞으로도 다양한 도전을 해나갈 것입니다.

니시무라 　'오리지널을 소중하게 여기면서도 새로운 것으로 변화시켜나간다'는 자세는 예나 지금이나, 그리고 앞으로도 미쓰코시와 이세탄이 굳건히 지켜나갈 정신입니다. 미쓰코시를 상징하는 '사자상'도 100주년을 맞이하는 기획을 준비하고 있습니다. 기대해주세요!

기업 이념을 공유화하는 스토리
── 다카라 주조 '보물은 논에서'

2012년 다카라 주조 청주의 국내 출하량은 겟케이칸月桂冠을 처음으로 앞지르며 업계 1위인 하쿠쓰루白鶴 주조에 이어 2위로 올라섰다. 가볍고 친환경적인 에코 파우치 상품 등이 인기를 끌며 매출이 상승한 까닭이다.

다카라 주조는 청주 브랜드인 쇼치쿠바이松竹梅의 '텐天'을 2011년부터 치어팩(돌림 마개가 달린 파우치 포장―옮긴이) 형태로 판매하기 시작했다. 청주를 대용량(900ml)의 치어팩에 넣어 판매한 것은 당시 보기 드문 광경이었고, 다카라 주조가 국내 주류 업계에서는 처음으로 시도한 일이었다. 여기에 '극상 다카라 소주 25' 병(700ml)이 2012년도 굿 디자인상을 수상하는 등 다카라 주조의 패키지 디자인은 이곳저곳에서 큰 호평을 받고 있다.

그런데 이는 회사가 '보물은 논에서'라는 명확한 브랜드 스토리를 갖게 되며 따라온 성과였다. 상품을 개발할 때마다 다카라 주조는 언제나 이 스토리에서 벗어나지 않고자 다양한 디자인을 염두에 두었다.

일본인의 식생활에서 빠질 수 없는, 또한 다카라 주조가 취급하는

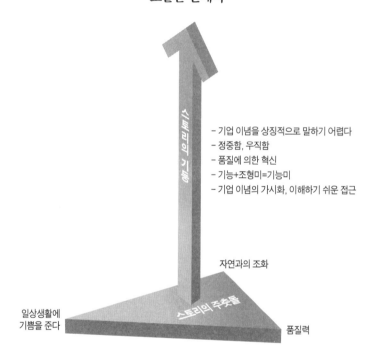

다카라 주조
보물은 논에서

스토리의 기둥

- 기업 이념을 상징적으로 말하기 어렵다
- 정중함, 우직함
- 품질에 의한 혁신
- 기능+조형미=기능미
- 기업 이념의 가시화, 이해하기 쉬운 접근

자연과의 조화

스토리의 주춧돌

일상생활에
기쁨을 준다

품질력

술의 원료인 쌀은 논에서 수확한다. 논밭, 그러니까 '자연의 풍요로움'이야말로 그 무엇보다도 소중한 보물宝이다. 회사 이름인 다카라 주조의 다카라宝도 여기에서 유래했다. 따라서 사업의 양식이 되는 자연과 그 산물(보물)을 소중하게 다루고, 자연환경을 보호하며, 품질이 좋은 상품을 정성스럽게 만드는 것이 다카라 주조의 기업 이념이며 '보물은 논에서'라는 스토리의 골자다.

파우치를 사용한 것도 종이팩에 비해 부피가 크지 않고 쓰레기를 줄일 수 있다는 점에서 자연환경을 생각하는 스토리와 연결된다. 다카라 주조의 '쇼치쿠바이'는 '기쁨의 청주'라는 표현을 오랫동안 사용해왔는데, 이는 '자연과의 조화를 소중하게 생각해서, 생기 있는 사회 만들기에 공헌한다'는 메시지를 전한다. 요컨대 축하할 일이 있을 때뿐만 아니라 평범한 일상에도 기쁨을 주는 술을 만들겠다는 의지가 기본 이념인 '보물은 논에서'로 이어진다. 다양한 의미로 시행착오를 겪으면서도 '보물은 논에서'라는 메시지가 상품 제조의 근본이 되어온 것이다.

2012년 다카라 소주 100주년을 맞이한 것을 계기로 고객에게도 이 스토리를 적극적으로 전하려고 하고 있다. '보물은 논에서'는 매우 이해하기 쉬우며, 정서적 울림도 있는 메시지다. 고객은 '보물은 논에서'라는 브랜드 스토리를 안 순간, 다카라 주조의 브랜드를 다른 곳과 명확하게 차별화하여 인식할 수 있으리라.

글로벌 경쟁 속에서 일본 기업이 강한 브랜드를 만들기 위해서는 다카라 주조의 '보물은 논에서'와 같이 기업 이념이건, 다른 무엇이건 결론적으로 공감하기 쉬운 정서적 가치를 끄집어낼 수 있어야 한다.

호소야　'보물은 논에서'라는 스토리는 언제 처음 떠올렸나요?

히노　제가 다카라 주조의 디자인 작업을 맡기 전부터 기업 광고라든가 기념 책자 등에서 이 표현은 종종 사용되곤 했습니다.

그런데 패키지뿐만 아니라 보다 확대된 범위의 디자인을 두고 고민하면서 과거의 자료를 두고두고 살펴보게 되었는데요. 문득 대대적으로 발표된 적은 없지만 '보물은 논에서 나온다'는 개념에 관한 강한 생각이, 이 기업에는 계속 존재해왔다는 사실을 깨달은 겁니다.

그래서 디자인을 총괄할 때 이 관점에서 벗어나지 않는 것을 기본 원칙으로 삼았고, '다카라 소주'의 100주년 기념 해인 2012년부터는 홈페이지 메인 화면에도 띄워서 고객에게 적극적으로 어필했지요.

호소야　'보물은 논에서'는 사실 매우 알기 쉽고, 고객에게 전달하기에도 좋은 메시지입니다. 한편으로는 어째서 지금까지 적극적으로 내세우지 않았는지 의아한데요. 특별한 이유가 있나요?

히노　다카라 주조는 품질의 혁신에 도전하면서 단박에 상품이 잘 팔리기 시작했습니다. 오직 품질로 승부를 보며 규모가 커진 회사이지요.

한편 '보물은 논에서'의 이념과 직결되는 환경보호에 대한 노력은

'보물은 논에서'란 '자연의 풍요로움이야말로 보물이다', '자연과
조화를 이루며 존중한다'는 다카라 주조의 기업 이념을 나타낸다.
홈페이지 메인 화면에 이 말이 나와 있다.

자연을 본뜬 디자인

왼쪽 　스파클링 청주 '미오(澪)'는 여성 고객과 해외 수출을 의식한 상품으로, 미오란 얕은 여울에서의 물길 흔적을 가리킨다. 나선형의 병 모양은 물의 흐름과 기포가 피어오르는 이미지를 표현한다. 벼이삭 디자인과 마찬가지로 자연에서 영감을 얻었다.

오른쪽 　'보물은 논에서'라는 이념을 토대로 쇼치쿠바이 '야마다니시키(山田錦)'는 나부끼는 벼이삭의 이미지를 병 전체에 라인을 넣어 표현한 디자인을 선보였다.

상당히 빠른 시기부터 이루어진 편입니다. '논 학교'라는 이름으로 논이나 쌀에 대한 교육 활동을 10년 이상 진행해왔고, 연어를 보호하는 활동인 '컴백 연어 운동'은 1970년대부터 실시해왔습니다.

하지만 품질 개선이라든가 환경보호 활동은 대개 눈에 잘 띄지 않고, 고객들이 알아차리기 어려운 구석이 있습니다. 제조 기술이 특기인 회사인지라 말로 표현하기에 서툰 부분이 있기도 하고, 환경보호 활동을 한다고 해서 큰소리를 내는 것도 조금 겸연쩍으니까요. 아무래도 '상징적으로 표현하는 기법'이 좀 부족했지요.

그렇다고 하더라도 자연을 소중하게 여기는 기업 활동을 적극적으로 추진한다는 것, 품질을 중요하게 생각한다는 것은 어찌되었든 좋은 활동이기 때문에 브랜딩의 일환으로 분명하게 표명해야 합니다. 마침 창업 100주년이라는 적절한 타이밍을 맞기도 해서 기업의 브랜딩 뼈대를 확실하게 갖추어야겠다고 생각한 겁니다. 기업 정신을 고객에게 단적으로 알리기 위해서는 홈페이지 메인 화면에 노출시키는 것부터 시작해야겠다고 판단했고요.

호소야 확실히 다카라 주조는 한됫병에서 그대로 컵에 따라 마시는, 일반적으로 예스러운 소주의 이미지를 '순'이라는 브랜드를 통해 해외 주류 메이커와 같이 각진 병으로 바꾸는 시도도 했지요. 그것도 1970년대에 말입니다.

히노 품질을 혁신했음에도 잘 팔리지 않았다면 다카라 주조도 어떻게 되었을지 모릅니다. 즉 품질로 배신하지 않는 것이 기업 활동의 원점입니다. 이를 상징적으로 '보물은 논에서'라는 스토리로 표현하기 시작한 것이 상품 디자인에 미치는 영향이 컸지요.

호소야 굿 디자인상을 수상한 '극상 다카라 소주' 등에는 그 스토리가 어떠한 영향을 미쳤나요?

히노   '극상 다카라 소주'가 가장 큰 영향을 받았을지도 모릅니다. 애초에 '증류 기술과 높은 품질에 따른 맛있는 소주'라는 이미지를 전달하기 위해 만들어진 상품입니다. 복잡한 커팅을 구사한 다면체로 품격과 고급스러움을 추구했고, 그 덕분에 투명한 술이 잘 보입니다. 기업 이념인 좋은 품질, 그리고 이에 대한 자신감의 표현이 내재된 디자인입니다.

'야마다니시키'도 훌륭한 품질의 쌀로 만든 술입니다. 디자인과 관련해서는 많은 고민을 했습니다. '극상 다카라 소주'와 마찬가지로, 어떻게 '그 품질을 표현할 것인가' 하는 공통의 명제가 있었지요. 그래서 라벨은 너무 튀지 않게 전통적으로 디자인했지만, 병 모양은 벼 이삭을 이미지화한 형태로 만들었습니다.

호소야   쌀에 대한 고집이 느껴지는 디자인이네요. 그런데 사실 품질이라는 것은 상당히 표현하기 어렵지 않나요? 품질의 장점을 표현하기 위해 중요하게 생각하는 점은 무엇인가요?

히노   긴장감입니다. 그래픽이든 입체 조형이든, 바짝 긴장한 느낌을 전하고자 노력합니다. 바로 이 부분이 좋은 품질을 표현하는 요소라고 생각해요.

호소야   치어팩 술은 조금 저렴한 이미지로 인식되는 탓에 품질을 표현하기 어려울 듯한데요. 용기 형태를 두고 이견은 없었나요?

히노   치어팩은 리필용 세제와 샴푸에서 유래했기에, 청주에 사용해도 괜찮은지에 대한 의견은 확실히 분분했습니다. 그런데 과거 종이팩을 출시했을 때도 거부감은 있었습니다. '결단할 것인가, 멈출 것인가' 하는 선택의 기로에서 결정타가 된 것은 역시 '보물은 논에

환경을 의식한 디자인

쇼치쿠바이 '텐'은 900ml 패키지로 치어팩을 사용하고 있다. 같은 용량의 종이팩과 비교하면 쓰레기 양을 약 50퍼센트 줄일 수 있다는 점이 특징이다. 이 또한 '자연과 조화를 이룬다'는 '보물은 논에서'의 이념을 토대로 상품 콘셉트를 잡고 디자인했다.

품질을 나타내는 디자인

왼쪽 '극상 다카라 소주'는 이념과 품질을 표현하기 위해 병 안의 술이 투명하게 잘 보이는 다면체의 복잡한 커팅을 시도했다.

오른쪽 쇼치쿠바이 '시라카베구라(白壁蔵)'는 예스러운 제조 방법을 현대의 설비로 재현하고자 하는 공정에서 태어난 고품질의 술이다. 이 집념을 표현하고자 마개는 전통적인 형태의 캡이지만, 서리 유리(frost glass) 스타일로 개폐하기 쉬운 현대적인 디자인으로 완성했다.

서', '자연과의 조화'라는 이념입니다. 이념이 확실했기에 파우치에도 도전할 수 있었죠.

호소야　다카라 주조는 기업 내부에 디자인 그룹이 있습니다. 평소 어떤 부분을 중시하며 디자인하나요?

히노　디자인의 정의는 '기능+조형미=기능미'로 표현할 수 있습니다. 이를 벗어나서는 안 됩니다. 기업 안의 디자이너는 예술가가 아니니까요. 그리고 기술과 제조 등 각종 요구를 종합적으로 정리해서 조형 계획을 세워나가야 합니다. 사업 전략을 구현화하는 것이 '디자이너의 일'이라고 강조하고 있지요. 수많은 의견과 아이디어를 확실히 정리해서 '형태 있는 것으로 만들어나가는' 게 기업 안에 있는 디자이너의 역할입니다.

호소야　많은 사람의 의견을 듣다 보면 디자인이 이상해지지는 않나요?

히노　상품 콘셉트를 다지는 단계부터 제대로 관여하면 아무 문제 없습니다. 다카라 주조의 디자인 그룹은 상품 기획을 담당하는 부서 안에 속해 있어서 기획의 초기 단계부터 자연스럽게 참여하게 됩니다. 상품명을 정하는 회의 등에도 당연히 참석하죠.

그러니까 시작하는 시점부터 모든 업무에 얽히는 겁니다. 더욱이 '보물은 논에서'라는 스토리에서 멀어지지 않도록 제가 컨트롤하고 있기도 하고요. 예를 들어 '언제, 어디에서, 누구를 대상으로 판매할 상품인가?' 등을 생각해야 합니다. '무엇을 위해서 필요한가, 어디에서 사용되는가, 누가 보는가?', 즉 TPO time, place, occasion인 거지요. 이것이 얼마만큼 명확하게 설정되어 있는지 확인하고, 더불어 궁극적으로 기업 이념에 부합하는 메시지를 건네고 있는가 늘 살핍니다. 이때도 그 근거가 되는 것이 '보물은 논에서'라는 스토리입니다. 예를 들어 '예쁜 핑크색'이라고 하면 각기 떠올리는 색이 다릅니다. 그런데 '보물은 논에서'를 바탕으로 논의하면 범위가 확 좁혀지지요.

호소야 '보물은 논에서'는 늘 원점이 되는 스토리라는 것이군요?

히노 맞습니다. 원점이 되는 스토리가 없다면 언제까지고 인식이 정립되지 않은 상태로 불필요한 논의를 되풀이하게 됩니다.

'극상 다카라 소주'와 마찬가지로 굿 디자인상을 받은 '시라카베구라'를 개발했을 때도 처음에는 전혀 다른 디자인이 후보에 올랐습니다. 와인 같은 디자인이 좋다는 의견도 있었고, 특이하게 라벨을 아주 가늘고 작게 만들기도 했죠.

그런데 '과연 이념과 상품 콘셉트에 맞는 디자인인가?'에 비추어보니 아니었습니다. 시라카베구라는 전통 기법에 기초한 술이고, 품질이 훌륭하다는 특징이 있습니다. 청주 고유의 분위기에서 벗어나고 싶지 않다는 경영자의 의견도 있었습니다. 기업 내부에 있는 온갖 사람들의 생각을 승화시키는 것이 사내 디자이너의 일입니다. 원점이 되는 논리를 스토리가 탄탄하게 뒷받침하고 있다면, 언제나 다시 그 자리로 돌아와서 생각해볼 수 있지요.

• **히노 겐이치** 1963년 오사카 출생. 1986년 오사카예술대학 예술학과 졸업 후 타이헤이인쇄 주식회사에 입사해 디자인과에서 근무했다. 1987년 다카라 주조 마케팅부 선전과로 파견되었다. 1991년 정식 입사 후 마케팅부 선전과, 상품부 디자인과장, 디자인담당 전문부장을 거쳐 2007년부터 현직에 있다.

지역사회와 함께하는 스토리
—— 이시야 제과 '시로이 고이비토'

이시야 제과의 '시로이 고이비토'는 홋카이도 기념품의 대명사라고 할 수 있다. 시로이 고이비토가 처음 출시된 것은 1976년이다. 당시 항공 회사에서 실시했던 '뎃카이도 홋카이도でっかいどう北海道' 캠페인을 통해 홋카이도가 관광지로 인식되기 시작하면서, 기내식 과자로 선정된 시로이 고이비토가 알려지게 되었다. 게다가 공항 면세점 등에서 살 수 있는 기념품으로 정착하면서, 최근에는 해외 관광객에게도 그 이름이 널리 알려졌다. 외국인들 사이에서는 '홋카이도의 기념품'보다는 '일본의 기념품'으로 인식되고 있을 정도다.

현재 이시야 제과는 시로이 고이비토 외에도 '시로이바움 TSUMUGI', '시로이 롤케이크', '미후유美冬' 등 다양한 상품을 판매하고 있다. 크기도 다양하고, 계절별 스페셜 패키지도 있다. 홋카이도 외에는 직영 판매점을 두지 않아 지역 한정 기념품이라는 이미지가 강하지만, 그 상품 전략은 전국 판매를 하는 업체와 비교해도 손색이 없다.

그중에서도 가장 주목할 만한 전략은 국내외 관광객뿐만 아니라, 홋카이도를 중심으로 한 지역 손님을 대상으로 매우 적극적인 판매 활동을 시작했다는 점이다. 지속가능한 기업을 목표로 한다면 불안

상자형 상품도 고객의 요구에 따라 매우 다양한 크기로 선보이고 있다.

정한 요소가 많은 관광객에게만 매출을 의존해서는 위험하다. 그래서 홋카이도 사람들과 '이시야 제과', 그리고 '이시야 제과의 상품'을 연결하는, 요컨대 접점을 만드는 터치 포인트를 개발하고 있다.

이렇듯 지역을 대상으로 한 활동은 지금까지도 틈틈이 있었다. 이시야 제과는 관광객은 물론 지역 주민도 즐길 수 있도록 초콜릿 놀이 공원인 '시로이 고이비토 파크'를 건설했다. 공원 옆에는 지역 축구팀 '콘사도레 삿포로コンサドーレ札幌'의 연습 경기장을 병설했는데, 이를 통해 '시로이 고이비토'는 홋카이도민이 함께 응원하는 축구팀의 메인 스폰서로서 공헌하고 있다.

2013년에는 한 발짝 더 나아가 삿포로 오도리에 기존에는 없었던 새로운 스타일의 카페와 숍 등 직영 매장 세 곳을 동시에 오픈했다. 카페는 젊은 여성들로 북적이고, 푸짐한 핫케이크가 인기를 끌고 있다. '시로이 고이비토를 알고는 있지만 산 적은 없다'고 하는 지역 주민을 의식해서, 매장에서는 한 개부터 구매 가능한 낱개 판매를 시작했다. 이 또한 퇴근 후 들르는 여성들에게 큰 인기를 끄는 등 지역 주민을 대상으로 인지도를 넓혀나가는 일에 성공을 거두고 있다.

방일 외국인 2000만 명 시대를 맞이해 도쿄 진출보다는 먼저 홋카이도를 중심으로 브랜드력을 강화시킨다. 그러고 나서 홋카이도에서 일본 전국으로, 홋카이도에서 세계로, 확실히 진지를 지키면서 공세에 나선다. 이렇듯 대형 글로벌 브랜드에 맞서 단순히 정면 승부를 펼치는 것이 아닌 새로운 방법으로의 승부를 '시로이 고이비토'가 실현하고 있다. 일본을 대표하는 지역 브랜드가 일본을 넘어 세계에 진출하고자 독특한 방법론을 고심하는 것이다.

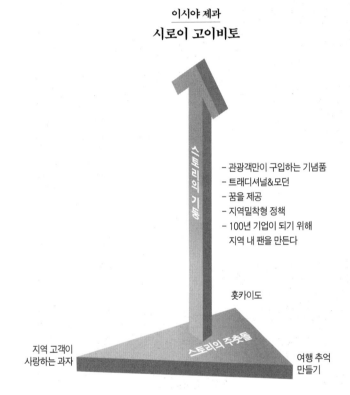

이시야 제과

시로이 고이비토

스토리의 기둥

– 관광객만이 구입하는 기념품
– 트래디셔널&모던
– 꿈을 제공
– 지역밀착형 정책
– 100년 기업이 되기 위해
  지역 내 팬을 만든다

홋카이도

스토리의 주춧돌

지역 고객이
사랑하는 과자

여행 추억
만들기

2013년 삿포로에 세 개 매장을 오픈했다. 'ISHIYA CAFE'(위)와
'삿포로 오도리 니시4빌딩 ISHIYA SHOP'(아래)이다.

지역 고객을 위한 접근. '삿포로 오도리 니시4빌딩 ISHIYA SHOP'
에서는 시로이 고이비토를 한 개씩 살 수 있다. 낱개 상품을 다양
하게 구성해서 오리지널 기프트 패키지도 만들 수 있다.

대담 × 이시미즈 하지메石水創 사장

호소야   2013년 6월 삿포로 오도리에 'ISHIYA SHOP', 삿포로역 지
하 공간에 'ISHIYA CAFE'와 'Candy Labo' 등 동시에 매장 세 곳을
오픈했습니다. 특히 'ISHIYA SHOP'에서는 시로이 고이비토 낱개
판매를 시작해 퇴근길 여성에게 큰 인기를 끌고 있다면서요. 매상도
예상의 1.5배를 웃돌 정도라고 들었습니다. 이러한 출점 전략과 낱개
판매 시도 등에는 어떤 목적이 있었나요?

이시미즈 '시로이 고이비토'를 비롯해서 이시야 제과의 상품은 '관광
객이 사는 기념품'이라는 이미지가 매우 강합니다. 장수 기업을 목표
로 하는 우리가 이 정도 수준에서 만족해도 되는 걸까, 하는 의문이
늘 있었지요. 물론 관광객이 중요한 타깃이지만 지역 사람들에게 사
랑받는 상품, 베이커리가 되지 못하면 기업이 존속하기 어려워집니
다. 카페 오픈과 낱개 판매는 지역 사람들에게 우리 상품과 기업을
더욱 알리기 위해서 시작했습니다.

호소야   지역 고객의 중요성을 인식하게 된 계기는 무엇인가요?

이시미즈 2011년에 있었던 동일본 대지진입니다. 지진의 영향으로 동
북 지역뿐만 아니라 홋카이도를 찾는 관광객도 절반 정도 줄었습니
다. 이시야 제과의 매출도 크게 떨어졌는데, 다른 회사를 살펴보니

저희만큼 관광객에 대한 의존도가 높지 않아서인지 하락폭이 그다지 크지 않더라고요. '관광객만을 고객으로 해서는 위험하겠다'고 확실히 느꼈죠.

호소야 낱개 판매는 한 개부터도 가능하니까 고객 입장에서는 괜히 상자째 살 필요가 없어서 매우 편리해졌습니다. 반면 회사 입장에서는 상자로 팔았던 것을 박리다매 형식으로 바꾼 것이기에 꽤 용기가 필요했던 일이 아닌가요?

이시미즈 실제로 한 개만 사가는 분은 많지 않습니다. 초콜릿이나 다른 쿠키도 낱개로 판매하고 있어서, 이것저것 여러 개를 모아 조그마한 선물용으로 사 가시는 분이 많습니다. 매장을 오픈한 삿포로 오도리는 도쿄로 치면 마루노우치처럼 오피스 밀집 지역이라 관광객은 별로 없습니다. 낱개 판매는 그 장소에 적합한 판매 방법이었죠.

호소야 맛보기로 한 개 먹어볼 수 있게 하면서도 세트 구성도 가능하게 해서, 시로이 고이비토를 계기로 다른 상품도 소개한다는 전략이군요.

이시미즈 그렇습니다. 기념품점으로 100년 이상 이어오는 노포일수록 지역 사람들의 사랑을 듬뿍 받습니다. 또 그분들이 관광객들에게 "선물을 사 가려면 이 가게가 좋아요" 하고 추천해주는 경향이 있더라고요. 저희도 "선물로는 이시야 제과 과자가 좋아요"라는 말을 들을 수 있도록, 기존 인식의 틀을 뛰어넘는 흐름을 만들어야 한다고 생각합니다.

호소야 카페나 숍을 구상할 때 내장이나 외관에 대해서도 의식한 부분이 있나요?

이시미즈 '트래디셔널&모던'이라는 콘셉트를 만들었습니다. 오랫동

위   지역 주민도 관광객도 이용할 수 있다. 아시아 관광
객도 많이 방문하는 시로이 고이비토 파크다.

아래   광대한 부지에 영국풍 정원과 건축물이 있으며 공장
을 견학할 수 있다. 파크 옆에는 '미야노사와(宮の沢)
시로이 고이비토 축구장'을 병설했다.

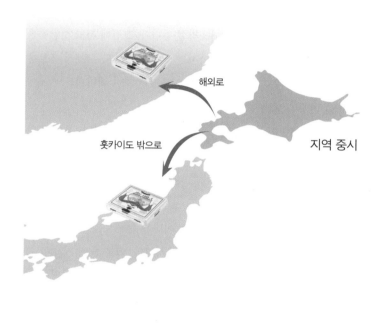

해외로

홋카이도 밖으로

지역 중시

홋카이도 외에 직영 판매점은 없으며, 백화점 등에서 개최하는 물산 전이나 공항 면세점을 통해 해외를 포함한 외부 지역으로 전달한다.

안 이어져온 전통 안에서 고객분들이 새로움을 느낄 수 있도록 돕자는 취지였죠. 공장을 견학할 수 있는 시로이 고이비토 파크도 그렇지만, 내장과 외관은 영국의 오래된 건물을 염두에 두었습니다. 가구도 영국에서 앤티크 제품을 구입했어요. 관광객은 '이시야 제과' 하면 대부분 '시로이 고이비토'를 떠올리실 겁니다. 그런데 지역 사람들은 '시로이 고이비토 파크'를 떠올리시는 분들이 많지요. 그래서 새로운 매장을 기획할 때도 시로이 고이비토 파크가 지닌 이미지를 가져가고자 그 바탕이 되는 영국풍을 의식하고는 합니다.

호소야　시로이 고이비토와 이시야 제과는 홋카이도를 떠올리게 하는 상품이고, 홋카이도를 떠받치는 기업이라는 이미지가 매우 강합니다. 홋카이도라는 이미지 외에도 내걸고 있는 브랜드 콘셉트나 이미지는 무엇인가요?

이시미즈　'추억 만드는 일을 돕는 기업'이라는 콘셉트를 말할 수 있겠네요. 기념품이 될 만한 상품은 물론이거니와, 예를 들어 시로이 고이비토 파크나 지역 스포츠를 응원하기 위한 축구장 등은 지역 주민분들에게 추억의 장소가 되기를 바라는 마음으로 만들었으니까요.

호소야　앞으로 새롭게 진행하고 싶은 프로젝트가 있나요?

이시미즈　꿈을 이야기해보라고 하신다면, 미국 제과업체인 허쉬Hershey가 만든 '허쉬 파크' 같은 공간을 꾸미고 싶습니다. 허쉬 파크 덕분에 거리 전체가 '허쉬의 세계' 안에 속해 있는데요. 예를 들면 주소명도 '초콜릿 애비뉴', '카카오 스트리트' 같은 식이지요. 가로등도 '키세스 초콜릿' 모양으로 디자인되어 있고요. 또 허쉬 유니버시티라는 시설도 있답니다.

호소야　말만 들어도 재미있을 듯한데요.

이시미즈 실제로 가본 적이 있는데, 정말 재미있는 곳입니다. 애초에 아버지(현 이시야 제과 회장)가 시로이 고이비토 파크를 만든 것은 영화로도 제작되었던《찰리와 초콜릿 공장의 비밀》을 읽은 것이 그 계기였다고 합니다. 책을 읽고 '이렇게 꿈이 있는 공장을 만들고 싶다'고 생각한 것이, 무료로 견학이 가능하고 놀이 공간도 있는 테마 파크 건설로 이어진 겁니다. 캔디 전문점인 'Candy Labo'도 이러한 생각의 연장선상에서 만든 것이지요. 앞으로도 꿈이 있는 공간을 제공하는 기업으로 존재하고자 합니다.

- **이시미즈 하지메** 1982년생. 2004년 4월 이시야 제과 입사. 2006년 5월 이시야 제과 및 이시야 상사 이사 취임을 거쳐 2013년 7월 사장 취임.

매장에서 문맥을 느끼는 스토리
—— '북디렉터 하바 요시타카의 작업'

기존에 존재하던 서점 스타일을 획기적으로 바꾼 'TSUTAYA TOKYO ROPPONGI'를 비롯하여 국립신미술관의 뮤지엄숍, 병원과 기업의 입구 등에 설치한 '말을 거는 책장'을 통해 새로운 공간을 창조해나가는 북디렉터가 BACH(바하)의 하바 요시타카다. 이전부터 하바가 만드는 공간에서 강한 스토리성을 느끼곤 했다. 가지런히 꽂힌 책뿐만 아니라, 그 하나하나의 책이 빚어내는 분위기가 공간 전체를 구성하고 있다는 생각을 한 것이다. 낡은 책부터 새로운 책, 두꺼운 책부터 얇은 책까지 공간의 콘셉트를 축으로 한 책장에는 일반적인 서점에는 없는 새로움이 있었다.

이번 인터뷰에서 가장 인상적이었던 부분은 사람들이 책을 집어주길 바라는 순수한 마음이, 그가 이 작업을 시작한 계기였다는 점이다. 다른 말로 표현하자면, 그는 '사람들이 있는 장소에 책을 가져다 놓겠다'는 열의로 가득했다. 새롭게 기획하는 공간을 이용하게 될 타깃과 몇 번이고 인터뷰를 반복하면서, 그곳에 모이게 될 사람들의 마음을 헤아리고자 애썼다. 책과 사람을 잇기 위한 끈기 있는 노력으로 탄생한 공간인 셈이다.

BACH

북디렉터 하바 요시타카의 작업

스토리의 기법

- 책이 놓여 있기만 해서는 의미가 없다
- 책에 할당된 시간이 감소하고 있다
- 책이 가진 설렘을 전한다
- 새로운 체험과 대담으로 이어지는 것을 의식한다
- 독자(생활자)의 마음을 연다

책은 생각을
지속하기 위한 도구

책과 책이 같이 있을 때
생기는 호소력 짙은 메시지

스토리의 주춧돌

철저한
리서치 능력

하바는 "책과 책이 나란히 놓이는 상황에서 호소력 있는 메시지가 생겨나며, 특히 일본인은 그 메시지를 이해하는 데 탁월하다"고 말한다. 그렇다. 일본인에게는 스토리에 대한 독해력이 있다. 물건과 물건의 관계에서 생겨나는 호소력 있는 메시지, 그 메시지와 독자를 연결하는 것이 스토리다. 바로 그 단계에 이르렀을 때 디자인이 자연스럽게 태어난다. 만드는 사람은 생활자가 '디자인에 내재된 스토리를 읽어내는 힘'을 가지고 있다고 믿어야 한다.

"책은 즉효성이 아니라 지효성. 계속해서 생각하기 위한 도구이며 몸의 일부로 만들어가야 하기에, 자신의 신체 안에 무엇이 남아 있는가가 관건이다"라고 하바는 말한다. 최근에는 서점뿐만 아니라 편의점이나 슈퍼마켓에서도 굉장히 빠른 속도로 소비가 이루어진다는 점을 말하는 것은 아닐까.

'그저 팔리기만 하면 된다'가 아니라 '어떻게 해야 다음에 또 사게할 수 있을까'를 고민해야 하는 시대다. 물론 제품은 '팔리는 것'이 사명이다. 그러나 즉효성을 추구하는 시스템이나 디자인은 순간적으로 팔리는 것일 뿐, 제품이 본래 가진 근사한 부분은 책과 마찬가지로 서서히 인정을 받는 것이 이상적이다.

하바도 '팔리는 것'을 만들기 위해서는 먼저 선택하는 사람의 마음을 열어야 상품을 집게 할 수 있지 않겠느냐고 말한다. 결국 고객이 얼마나 즐거운 기분을 갖느냐에 따라 '팔리는 물건'이 될 수 있는 것이다. (오프라인) 서점이 소매점의 한 형태로 획일화되고 아마존을 필두로 한 온라인 서점이 일상화되는 위협 속에서 그저 장서 수로 경쟁할 것이 아니라, 사람의 마음을 울리는 서가를 만들고자 애쓰는 하바와 같은 노력이 필요해 보인다.

앞으로 편의점이나 슈퍼마켓에서도 제품과 사람이 공명하여 그 매장만의 독특한 분위기가 묻어나는, 스토리가 느껴지는 진열대가 나타나지 않을까 기대한다. 그 공간의 문맥을 읽어내는 사람들의 존재가, 스토리 있는 제품과 매장을 동시에 디자인할 수 있다는 희망을 품게 한다. 업체도 유통도 판매 방법을 연구해볼 여지가 있음을 하바로부터 배울 수 있었다.

위   도쿄미드타운이 2009년부터 주최하고 있는 잔디밭에서 책을 즐기는 '파크 라이브러리' 이벤트. 테마별로 세 권의 책이 들어 있는 바구니를 빌려준다.

아래   캐릭터 등 지적재산권 관련 회사인 필즈 주식회사의 오피스 빌딩 'E·스페이스타워' 입구. 2012년부터 거대한 테이블과 의자 오브제와 함께 2500권의 책을 진열하고 있다.

위　　오사카부 미노오시에 있는 센리재활병원의 도서관. 재활 환자를 위해 손을 움직이는 책, 시집이나 그림책처럼 금방 읽을 수 있는 책, 청춘 시절을 떠올려주는 책 등을 선정했다.

아래　오사카 신주쿠점 본관 지하 2층에 있는 '뷰티 아포세카리'에 자리한 약 1000권의 책이 꽂힌 북 코너. '옷차림', '생활', '여성의 삶' 등으로 카테고리를 나누어 책 진열에 특히 신경을 썼다.

호소야　책과 관련된 다양한 일을 시작하게 된 계기는 무엇인가요?

하바　예전에 대형 서점에서 근무한 적이 있는데, 그즈음 아마존이 일본에 진출했고 인터넷의 파급력을 피부로 느꼈습니다. '간단하게 책을 구입할 수 있겠다'는 생각보다는, '이제 사람들이 책을 읽지 않게 되는 것은 아닐까' 하는 생각이 먼저 들었어요.

　인터넷에는 책에 대한 자세한 정보가 있습니다. 그것을 본 것만으로도, 책 한 권을 다 읽은 것 같다는 느낌을 갖는 사람도 있을 겁니다. 그렇지만 책을 읽는다는 것은 글을 쓴 사람과 읽는 사람이 일대일의 관계가 되어 정신적인 유대감을 주고받는 행위라고 생각합니다. 다른 사람이 '좋다'고 해서 강박 관념으로 읽는 것보다, 자신에게 맞는 한 권의 책과 만나는 일이 중요하지요.

　지금은 책 말고도 다양한 즐거움에 생활자들이 시간을 소비합니다. 한정된 시간 속에서 책에 할당된 부분은 점점 줄어만 가는 것이 현실입니다. 책으로 눈을 돌리게 하기 위해서는 먼저 첫 페이지를 어떻게 열게 할까, 손에 집어들게 할까가 중요합니다. 북 코너와 이벤트는 이를 위한 계기 마련이라고 볼 수 있겠네요.

호소야　구체적으로는 어떻게 작업하고 계신가요?

하바　서가에 책이 꽂혀 있는 것만으로는 아무도 돌아봐주지 않습니다. 북 코너와 이벤트에 따라 필요한 환경이나 상황도 각각 다르고요. 서가 앞을 지나는 사람들에게 '좀 재미있을 것 같은데'라는 생각이 들게끔 해야 합니다.

　그래서 독자의 기분을 이해하고자 노력하고, 어떤 책을 좋아할지에 관해 깊이 생각하지요. 당연히 책의 분류도 도서관과는 다릅니다.

　예를 들어 도쿄의 이세탄 신주쿠점 본관의 지하 2층에 있는 '뷰티 아포세카리beauty apothecary'에 약 1000권의 책을 비치한 북 코너를 만들었습니다. 이곳은 자연 친화적인 화장품이나 건강보조제, 유기농 식품, 와인 등도 취급하며 주로 여성 고객이 외모뿐만 아니라 내적인 아름다움과 건강을 생각하는 공간입니다.

　여기에 매크로바이오틱macrobiotic 레시피와 요가 동작 모음 등의 실용적인 책과 함께 여성 시인의 시집과 전기, 사진집과 소설 등 여성의 감성을 채워주는 책을 갖추었습니다. 이외에도 술을 소재로 한 연작 에세이집과 바이오다이나믹biodynamic 와인 제조 가이드 등을 곁에 두었습니다. '술과 관련된 책'이라고 하면 외면당할 것 같은 느낌이지만, '아름답게 취하는 법'이라고 하면 받아들이는 사람의 인식도 달라지지요.

호소야　독자의 심리를 깊게 파고든 것이군요.

하바　도쿄의 하네다 공항에 있는 'Tokyo's Tokyo'의 북 코너도 작업했습니다. 여행용품이나 기념품 등을 판매하는 공간으로 주로 여행자가 발걸음하는 곳입니다. 요즘에는 체크인이 간소화된 덕분에 여행자의 공항 체류 시간도 점점 짧아지고 있어서 '많은' 책보다는

같은 책이지만 느낌이 크게 다르다. 왼쪽은
아크릴 스탠드, 오른쪽은 브론즈 스탠드다.

'적절한' 책을 놓아둘 필요가 있습니다.

여행자가 관심을 갖는 책은 아무래도 앞으로 떠나게 될 여행지와 관련된 것이겠죠. 그래서 책의 내용에 따라 '행선지별'로 분류하고 각각 몇 권씩만 배치했습니다. 책이 많다고 해서 좋은 것은 아니죠. 그저 마음에 와닿는 책이 있다면 집어들게 될 것입니다.

센리재활병원에서는 도서관 기획을 담당했습니다. 뇌경색 환자들을 위한 재활전문병원으로 플립북Flip Book처럼 손을 움직이게 하거나 시집이나 그림책처럼 금방 읽을 수 있는 책, 청춘 시절을 떠올리게 하는 책 등 환자의 상태가 조금이라도 좋아지는 데 도움이 되는 1200권의 책을 선정했습니다.

'어떤 책을 선정하느냐'에 못지않게 중요한 것이 '어떻게 그 책을 보여줄 것이냐'입니다. 책을 스탠드에 둘 때도 아크릴 스탠드보다는 브론즈 스탠드가 차분하게 잘 어울리는 경우가 있습니다. 인테리어를 담당하는 디자이너와 논의해서 어느 것이 가장 적당할지 정합니다.

호소야 독자의 심리를 어떻게 파악하시나요?

하바 마케팅 데이터를 받을 때도 있지만, 그냥 참고만 합니다. 오히려 사용자와 현장을 잘 알고 있는 매장 직원분과 몇 번이고 인터뷰를 하는 경우가 대부분입니다. 그렇다고 해서 '어떤 책이 좋습니까', '좋아하는 작가는 누구입니까' 같은 질문은 하지 않습니다. 꼭 대답을 들으려는 게 아니니까요.

예를 들어 책을 몇 권 보여주면서 그에 관한 의견을 묻습니다. 자꾸 질문을 던지면 내용뿐만 아니라 넘기기 어렵다든가, 글자 수가 많다든가, 너무 무겁다는 등 속내를 드러내게 됩니다. 한 사람 한 사람과 직접 이야기를 나누는 것이 그 어떤 수치상의 데이터보다도 도움이 됩니다. 스스로 납득이 갈 때까지 의견을 묻곤 하지요.

호소야　어떤 사람을 위해서, 어떤 책을 선택할지가 중요한 문제네요.

하바　책에 '좋고 나쁨'은 없습니다. 있다면 '현재 자신에게 맞다, 맞지 않다' 정도겠지요. '오늘은 고기가 먹고 싶다'거나 '샐러드가 먹고 싶다'든지, 독자의 기분은 언제나 다릅니다. 책도 음식과 비슷할지 모릅니다. 정황이나 상황을 고려해서 책을 고른다면, 그것이 독자에게도 전해져서 아마 그 책을 선택하는 데 큰 도움이 될 겁니다.

　책은 답을 얻는 것뿐만 아니라, 생각을 계속하기 위한 도구입니다. 책을 읽고 계속해서 생각을 하다 보면 답이 아니라, 더 많은 의문이 생기기 마련이라고 저는 생각합니다. 답을 알 수 없기 때문에 새로운 체험과 대담을 하게 되고, 그에 따라 한층 더 새로운 것을 발견해나가는 것 아닐까요? 이 설렘은 제가 독자들과 인터뷰할 때의 느낌과 같습니다. 책이 가진 이러한 매력을 더 많은 사람들이 느낄 수 있게끔 돕고 싶습니다.

•　**하바 요시타카** BACH 대표, 북디렉터. 사람과 책이 보다 좋은 만남을 가질 수 있도록 다양한 공간에서 책을 제안하고 있다. www.bach-inc.com

3장

사례:
배울 점이 있을 것

3장에서는 '배울 점이 있을 것'에 관해 다룬다. 1장에서 '브랜드 스토리의 주춧돌'에 관해 살펴볼 때 생활자는 의미 있는 삶을 추구한다고 설명한 바 있다.

'알다'에서 '배우다'로 생활자의 관심이 이동하고 있다. 지금 그들은 더 많은 지식과 깊이 있는 경험을 필요로 한다.

여기서는 대형 슈퍼마켓 체인 세이유西友가 매력적인 상품 개발 시스템을 갖추고 운영하는 프라이빗 브랜드private brand(이하 PB) '여러분의 보증みなさまのお墨付き', 맥주의 즐거움을 전파하며 새로운 고객층 획득에 나선 기린 맥주キリンビール의 '이치방 시보리 투톤 나마一番搾り ツートン生, 디지털 기기에서 발생하는 블루라이트blue light의 위험성이 아직 알려지지 않았던 시기에 해당 문제를 가시화했던 산텐 제약参天製薬의 안약 '산테サンテ PC', 사회공헌을 모두가 긍정적으로 받아들일 수 있는 브랜드 스토리로 재정립한 'TABLE FOR TWO International', 과거 미용 기기가 가졌던 부정적인 이미지를 말끔히 없앤 파나소닉 パナソニック의 'Panasonic Beauty' 등 다섯 가지 사례를 소개한다.

세이유의 PB인 '여러분의 보증'은 소비자 테스트에서 70퍼센트 이상의 지지를 얻은 상품만 발매를 논의한다는 생활자 참가형 PB다. '가격은 싸지만 품질도 그저 그런'이라는 PB에 대한 부정적인 이미지를 경험으로 수정한 브랜드 스토리다.

기린 맥주 '이치방 시보리 투톤 나마'는 '맥주의 즐거움'을 시각적으로 그려서 접근했다는 점에 주목했다. '체험해보고 싶다'는 생활자의 충동을 부추기자 머지않아 그들 사이에서 스스로 이야기를 공유하며 또 다른 스토리를 만들어냈다.

'산테 PC'는 블루라이트가 눈에 끼치는 악영향에 주목해서 새롭게 처방 설계된 안약이다. 구체적으로 어떤 악영향이 있는지 알리고자 다양한 방법을 시도했다. 블루라이트의 의미와 원인 등을 설명하기 위해 스토리를 독특하게 가시화했다.

네 번째는 'TABLE FOR TWO International'이다. 사회공헌이라는 테마를 자유롭게 즐기는 것부터 시작하자는 시점으로 접근했다. 더불어 출자자와 생활자, 참가 기업 등 이해관계자의 공감을 토대로 '알다'에서 '배우다'로의 확장을 시도한 사례다.

미용 가전 붐을 불러일으킨 'Panasonic Beauty'는 컨슈머 인사이트에서 스토리가 탄생한 사례다. 고객의 목적이 무엇인지, 목적을 달성하지 못한 이유는 무엇인지 등 문제점을 명확히 파악한 리브랜딩 rebranding이다. 기존 사용자만 존재했던 미용 가전이라는 장르에 새로운 사용자에 대한 그림을 덧그리며 현대화했다.

이제 '배운다'는 시점에서 다섯 가지 사례를 함께 살펴보자.

매력적인 시스템을 갖춘 스토리
─ 세이유 '여러분의 보증'

세이유의 PB인 '여러분의 보증'은 소비자 테스트에서 70퍼센트 이상의 지지율을 얻은 시제품만을 상품화하는, 지금까지 일본 유통업계 PB에서는 볼 수 없었던 새로운 시도다. 주로 20~60대 주부를 중심으로 한 일반 고객(상품에 따라서는 남성도 참가)이 소비자 테스트에 참가하는데, 한 상품당 100명 이상을 모집한다. 시제품의 맛·용량·가격을 4단계(매우 좋다, 좋다, 좋지 않다, 매우 좋지 않다)로 나누어 종합적으로 평가하는 시스템이다.

최근 PB 경쟁은 심화되고 있으며, 이제 내셔널 브랜드national brand(이하 NB)의 저렴함뿐만 아니라, PB의 브랜드력으로 고객을 끌어모으려는 방향으로 바뀌는 추세다. 세이유도 기존 PB였던 'Great Value'를 재검토하여, 2012년 12월 새로운 PB인 '여러분의 보증'을 론칭했다.

'가격은 싸지만 품질도 그저 그런'이라는 이미지를 탈피한 후, 'PB로서 무엇을 제공하는가'를 알기 쉽게 전달해서 철저하게 관리하는 것이 그 목표였다. 그저 싸기 때문에 사는 것이 아니라, 적극적으로 PB 자체를 지향하는 고객층의 획득을 노린 브랜드가 '여러분의 보증'이다. 그 결과 기존 PB와 비교했을 때 판매 수량이 20퍼센트 증가했다.

브랜딩의 바람직한 모습으로 특별히 주목해야 할 점은, 모든 아이템에 조사 시스템을 도입했다는 것이다. 대상자의 70퍼센트 이상이 '매우 좋다'거나 '좋다'고 평가한 것에만 상품화의 기회를 주겠다는 명쾌한 시스템에서, PB를 브랜드화하겠다는 강한 의지를 느낄 수 있다. 또한 엄격한 조사는 주부를 대상으로 하는 판촉 활동으로도 이어질 것이라 생각한다.

상품화한 후에도 정기적으로 소비자 테스트를 실시하는 까닭에 사내 개발팀도 끊임없이 품질 향상을 의식한다. '여러분의 보증'은 판매 방식만이 아니라 상품 개발력 향상에도 도움이 되는 스토리다.

세이유를 비롯한 PB의 약점은 카테고리가 많고, 상품 수가 수백·수천 개나 된다는 것이다. '여러분의 보증'은 패키지 디자인에 일관성을 부여해 알기 쉽게 만드는 것을 중요시하면서도, 따분한 인상을 주지 않기 위한 노력도 잊지 않는다. 상품을 구입할 때의 감정에 어울리게 달달한 식품에는 보다 유쾌한 사진을 사용하는 등 표현을 미묘하게 바꾸는 연구를 하고 있다.

가격표와 포스터, 전단지의 디자인도 흥미를 불러일으키는 요소 중 하나다. 가격표는 가격 이외에도 각각의 상품 가치를 '지지율'이라는 수치로 가시화했다. 이제 고객은 모두가 지지하는 상품이라면 NB가 아니라 PB를 고르겠다는 판단을 내릴 수 있다. '가격'과 '지지율'이라는 두 가지 숫자로 '저렴함'과 '신뢰'를 동시에 느끼게 하는 것이다.

패키지 디자인은 보증을 표시하는 로고와 실물 사진을 조합한 레이아웃이다. 햄은 안심하고 먹을 수 있도록 품질을 강조하고, 초콜렛과 핫케이크 등은 즐겁고 행복한 기분을 느낄 수 있는 사진을 사용했다. 예를 들어 벌꿀로 웃는 얼굴을 표현했다든가, 과자가 춤을 추고 있는 듯한 느낌을 주는 사진을 사용한다.

가게 진열대 모습. 상품별로 가격 이외에도 지지율을 표시하고 있다.

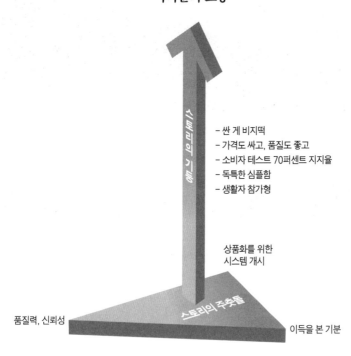

세이유 프라이빗 브랜드
여러분의 보증

스토리의 기둥

- 싼 게 비지떡
- 가격도 싸고, 품질도 좋고
- 소비자 테스트 70퍼센트 지지율
- 독특한 심플함
- 생활자 참가형

상품화를 위한
시스템 개시

품질력, 신뢰성

스토리의 주춧돌

이득을 본 기분

대담 × 오치 코조 越智후三   마케팅본부 PB사업부 시니어디렉터 겸 디지털마케팅담당

호소야   이온그룹ィォングループ의 '탑 밸류' 등 PB 시장은 매우 경쟁이 치열합니다. 이런 상황에서 '여러분의 보증'이라는 개성적인 브랜드는 어떻게 탄생하게 된 건가요?

오치   남들과 똑같은 것을 해서는 성공하지 못한다는 생각이 있었습니다. 광고가 많은 대기업과 비교하면 우리 회사는 그 부분에 핸디캡이 있고요. 어떻게 해서든 사람들의 마음을 사로잡는 브랜드를 만들어서 적극적인 팬을 확보할 필요가 있었죠. 일반적으로 PB에는 '가격은 싸지만 품질도 그저 그렇다'는 식으로 '싼 게 비지떡'이라는 이미지가 따라붙습니다. 여기에서 벗어나고 싶었기에, 품질을 보증하는 '여러분의 보증'이라는 브랜드 개발을 시작했습니다.

호소야   세이유의 모회사인 월마트 산하에 있는 영국의 아스다ASDA에서 도입한 'chosen by you'라는 브랜드가 아이디어의 밑바탕에 자리했다고 들었습니다.

오치   그렇습니다. 아스다에서 2~3년 전에 시작한 브랜드인데요. 상당한 성과를 올려서 이미 PB가 매출의 50퍼센트 정도를 차지합니다. 일본에도 비슷한 시스템을 도입할 수 있지 않을까 생각했지요.

호소야   이 방법을 들여올 때 조사 기준 등은 어떻게 바꾸었나요?

세이유의 전단지 'KY TIMES 365'. 많은 부문에서
'여러분의 보증'이 매출 상위를 차지하고 있다.

왼쪽 '내각', '아이돌 그룹' 등 피식 웃을 수 있는 선전 문구로 지지율의 의미를 어필한 포스터다.

오른쪽 '여러분의 보증' 웹사이트. 상품화 과정을 알기 쉽게 설명했다.

오치   'chosen by you'는 거리에서 시식을 실시했습니다. 즉석에서 먹을 수 있는 음식을 중심으로 평가하는 스타일이죠. 한편 우리는 행사장에서 시식회를 개최하거나 만드는 사람마다 사용법이 다른 것들, 그러니까 국물 내는 재료 등은 각 가정으로 보내서 사용해보도록 했습니다. 상품화 후의 재테스트 시기도 영국보다 빠릅니다.

호소야   엄격한 평가 시스템에 대한 사내 반발도 있었겠는데요?

오치   애초에 목표를 높이 설정하기 때문에 의욕을 가질 수 있도록, 하나하나 설명하는 과정을 거칩니다. 또 개발 담당자가 생각할 때는 아무래도 자신이 공들여 만든 제품을 상품화하고 싶은 마음이 강할 테니까요. 테스트에서 떨어지면 그 방법이 정확했는지 의문을 제기하고 싶어지는 건 당연합니다. 이런 부분도 다 감안해서, '합격을 이끌어내기 위한 요령'은 최대한 배제하려고 조심합니다. 예를 들어 냉동식품은 기름에 튀기는 편이 더 맛있지만, 전자레인지를 사용해서 먹는 식품일 때는 똑같은 방법으로 조리해서 테스트하죠.

호소야   NB 제품과는 어떤 식으로 구성을 달리하고 있나요?

오치   밥그릇 싸움을 한다기보다는 고객에게 '고를 수 있는 즐거움'을 제공한다는 부분에 집중합니다. '여러분의 보증'은 NB의 톱 브랜드와 동등하거나 혹은 그 이상의 퀄리티를 유지하되 가격은 1~2배 이상 싸게 책정했는데 이는 다른 PB와 다르지 않습니다.

다만 고객이 이 부분을 명확하게 받아들일 수 있어야 하는데요. NB와 나란히 진열대에 놓였을 때 같은 수준 이상의 품질을 갖추었다는 점을 드러내도록 특히 패키지 디자인에 신경 씁니다. 디자인을 결정할 때는 같은 진열대에 배치되는 제품 전체를 체크하죠. NB의 톱 브랜드와는 절대로 비슷한 디자인을 하지 않습니다. 단번에 모방품으로 전락해서 역시 '싼 게 비지떡'이라는 이미지가 붙으니까요. 특히 NB는 여러 상품 중에서 존재감을 드러내야 하므로 이런저런 정보를 많이 표시합니다. '여러분의 보증'은 그것을 가능한 한 배제함으로써 품질을 돋보이게 하는 데 주력해요. 그다음에는 브랜드로서 디자인의 일관성을 갖게 하는 것이 포인트죠. 카테고리와 관계없이 전체적으로 평가하는데, 연기자로 비유하자면 부담스럽지 않은 캐릭터(미남이지만 익살맞은 데가 있어 친밀감을 갖게 하는 사람)와 같은 세이유만의 개성 있는 세계관이 담긴 디자인을 중시합니다.

호소야　패키지 디자인 바탕이 흰색인데요. 좋은 품질의 느낌을 드러내고자 한다면, 요즘 유행하는 검정색을 사용하자는 의견은 없었나요?

오치　로고는 단순히 브랜드 이름(お墨付き)에 '먹黒'이 들어가니까 검정색으로 결정했고, 패키지 디자인에도 바탕 전체에 사용해보자는 의견이 있었습니다. 그렇지만 막상 작업해보니 너무 고급스러운 이미지를 풍겼어요. 우리가 추구하던 바가 아니었죠. 가격은 저렴한데 패키지가 고급스러우면 포지셔닝이 애매해지니까요. 그저 브랜드명을 보는 것만으로도 '아, 이런 브랜드구나'라는 것을 명확하게 알 수 있는 게 가장 좋죠.

호소야　앞으로 브랜드에 위협이 될 만한 요소가 있다면 무엇일까요?

오치　테스트 방법이 느슨해져서 디자인의 방향성이 달라진다면, 고객과의 신뢰 관계가 단번에 무너지고 말겁니다. 확실히 신경을 써야 할 부분이죠.

- **오치 코조** 2012년에 세이유 입사, 마케팅본부에서 신 PB 론칭. 현재는 PB사업 매니지먼트와 세이유 전체의 디지털마케팅담당.

체험하고 싶은 마음을 만드는 스토리
—— 기린 맥주 '이치방 시보리'

'맥주란 재미있는 것'은 새로운 맥주 칵테일 '이치방 시보리 투톤 나마'를 알리고자 진행한 캠페인에 등장하는 캐치프레이즈다. 나를 포함해서, 적잖은 사람들이 놀랐을 것이다. 이치방 시보리의 대명사라고 할 수 있는 '보리 100퍼센트가 주는 뛰어난 맛'과 그 제조법에 관해서는 딱히 강조하지 않은 까닭이다.

음료를 '재미있다'고 표현한 것은 정통 맥주 노선에서 벗어나기 위함인가? 젊은층이 맥주를 외면하는 상황에서 이치방 시보리가 그리고자 하는 새로운 브랜드 스토리는 무엇일까? 흥미가 일었다.

'투톤 나마'는 뭐니 뭐니 해도 비주얼에 임팩트가 있다. 두 가지 색으로 나뉜 맥주잔을 보는 순간 절로 눈길이 멈춘다. "'재미있을 것 같다', '나도 마셔보고 싶다'는 마음이 들도록 눈으로 보여주는 이미지를 디자인하는 것부터 시작했다. 이에 따라 생맥주를 재발견하게 되기를 바라는 마음이다"고 마케팅 담당자 와다 겐이치로는 말했다.

메인 타깃은 유독 맥주를 잘 마시지 않는 20~30대 여성이다. 겉모습에 놀란 그들이 '이거 뭐지? 나도 마셔보고 싶어'라고 생각한다. 실제로 마셔보고 그 '재미있는 체험'을 트위터나 페이스북 등 SNS를 통

해 다른 사람과 공유한다. 그 결과 '투톤 나마'의 인지도가 높아진다. 담당자들은 기획 단계에서 이런 스토리를 그렸다고 한다.

직장 상사가 주도하는 회식보다는 집이나 동네에서 갖는 소소한 술자리가 더 즐거운 것으로 여겨지는 요즘. 술을 마시는 횟수 자체가 줄어든 것이 맥주 소비의 감소 요인이라고도 한다. 그러나 다른 한편에서 하이볼이나 저알코올 음료는 확산되는 추세다. 그런 가운데 생맥주의 이미지는 여전히 가게에서 제공되는 커다란 맥주잔에 담긴 모습 그대로다. "지금, 생맥주는 술을 선택할 때 옵션에조차 들어가지 못한다"고 와다는 말한다.

이치방 시보리는 1990년에 발매된 이후 줄곧 '맥주를 마시는 즐거움'을 콘셉트로 고수해왔다. 그렇게 생맥주의 이미지가 고정화되면서 어느새 기쁨이나 즐거움과는 거리가 먼 '변화 없는 음료'로 자리매김했는지도 모른다. 이번 시도는 그 이미지를 타파하기 위함이다.

앞으로도 생맥주는 다양한 기호에 맞춰 다양화가 요구될 것이다. 현재 기린 맥주는 '생맥주의 현대화'를 목표로 '드래프트 이노베이션'을 진행하고 있다. '투톤 나마'도 그중 하나다. '맥주란 재미있는 것'의 다음 과제는 다양화하는 맥주를 마시는 즐거움을 세대와 성별, 국가를 초월한 하나의 스토리로서 집약해내는 일이리라. 요컨대 '맥주는 삶에서 무엇을 실현해주는 음료인가'를 그려낼 필요가 있다. 이치방 시보리가 그리는 맥주의 미래 자체는 맛있는 맥주를 깊이 이해하고자 하는 사람을 늘리는 것이다. 특히 깊이 있는 지식을 얻고자 하는 젊은층은 브랜드와의 강한 유대감을 갖기 위해, 그 브랜드의 가치에 관해서 제대로 배우는 것을 중요하게 여긴다는 점을 기억해야 한다.

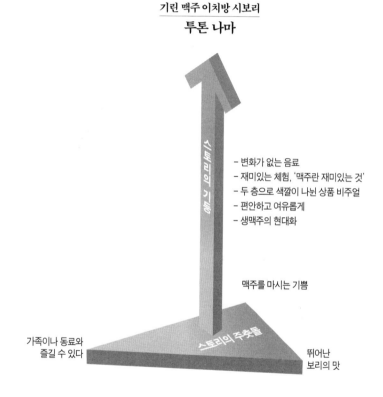

기린 맥주 이치방 시보리
투톤 나마

스토리의 기둥

– 변화가 없는 음료
– 재미있는 체험, '맥주란 재미있는 것'
– 두 층으로 색깔이 나뉜 상품 비주얼
– 편안하고 여유롭게
– 생맥주의 현대화

맥주를 마시는 기쁨

스토리의 주춧돌

가족이나 동료와
즐길 수 있다

뛰어난
보리의 맛

'체험해보고 싶다'를 목표로 한 캠페인 광고. '맥주부터 한잔하고'에서
탈피해야 맥주를 기피하는 젊은층을 다시 붙잡을 수 있다.

생맥주를 가게에서 집으로 옮겨온 시도다. '집에서 투톤 나마 세트'는 맥주와 주스, 투톤 메이커, 음료 막대, 맥주잔까지 들어 있는 할인점 판매용 세트 상품. 집에서도 부담 없이 투톤 나마를 즐길 수 있다.

호소야 '투톤 나마'는 딱 봤을 때 예쁘고 깜찍하네요. 보통은 패키지로 보여주는 전략이 많은데, 독특하게 내용물이나 마시는 방법을 디자인했습니다. 처음부터 보이는 부분을 중시해서 브랜딩한 건가요?

와다 맞습니다. 요즘 젊은 사람들은 술을 마실 때, 생맥주는 애초에 옵션에서 제외합니다. 어떻게 하면 그런 사람들의 손에 들릴 수 있을까? 일단 중요하다고 생각한 것은 겉모양이었습니다. 작년에 발매된 '프로즌 나마'도 기본적으로는 같은 전략이었는데요.

겉모양에서 새로움과 재미가 느껴지면 한번 마셔보고 싶어집니다. 요즘 세상은 페이스북이나 트위터 등 SNS를 통하면 내 체험과 감정을 다른 사람과 공유하기도 쉽죠. SNS에서 화제를 모으며 인지도가 올라가는 효과도 생각해서 우선은 겉에서 보이는 부분을 중시했습니다.

호소야 '맥주란 재미있는 것'이라는 캐치프레이즈도 거기서부터 나온 것이군요. 사실 맥주와 주스를 섞어서 마시는 맥주 칵테일 자체는 이미 예전부터 있었습니다. 어떻게 해서 기존에 존재했던 것으로부터 비주얼의 즐거움과 새로움을 재발견할 수 있었나요?

와다 기린 맥주는 '체험형 마케팅', 즉 실제로 경험해본 후 구입으로 이어지는 흐름에 중점을 둡니다. 음식점에서는 주스와 맥주를 미리 섞어서 가져다주죠. 그런데 내 손으로 만들면서 두 층으로 분리해 보고, 다시 또 섞으면 재미있지 않을까 생각한 겁니다.

아랫부분에는 시럽이, 윗부분에는 소다나 커피가 있어 섞어서 마시는 음료가 있긴 합니다. 아이스크림도 아래에 있는 부분은 조금 녹인 후 부드럽게 먹는 제품도 있고요. 여기에서 힌트를 얻었습니다.

'생맥주의 현대화를 모색한다'는 것이 회사 전체의 미션으로 설정된 까닭에, 이를 염두에 두고 관찰하던 새로운 비주얼을 가진 음식이나 음료가 많은 참고가 되었지요. '기린 맥주'니까 맛은 이미 보증된 것이나 마찬가지였기에 잘될 것이라는 확신이 있었습니다.

호소야 현대화를 모색한다는 것은 구체적으로 어떤 의미인가요?

와다 '새로운 생맥주를 만들고 싶다'는 의미인데요. '술집에서 마시는 생맥주를 새롭게 바꿀 수는 없을까?' 하는 고민이지요.

호소야 새롭게 만든다는 것 자체는 좋다고 하더라도, 기존에 만족하던 팬이 떠나갈지도 모른다는 우려는 없었나요? 자칫하면 보수적인 사람들 사이에서는 '맥주는 겉모양이 중요한 게 아니잖아'라는 목소리가 높아질 수도 있으니까요.

와다 40~50대, 그러니까 그동안 쭉 이치방 시보리를 마셔왔던 분들이 어떻게 느낄 것인가에 관해서는 당연히 그 반응을 철저하게 조사했습니다. 결과는 의외일지 모르겠으나, 긍정적인 의견이 꽤 많았는데요. 그들에게도 '젊은 사람들이 맥주의 맛과 즐거움을 알아주면 좋겠다'는 마음이 있기 때문입니다. 맥주를 좋아하는 어른들은 요즘 젊은이 중에 맥주를 마시겠다고 하는 사람이 있으면 일단 기뻐하고 봅니다. '맥주를 좋아하는 젊은층을 늘리기 위해 만든 거라면, 뭐 팬

투톤 나마를 만드는 방법을 설명하는 홈페이지. '색깔을 즐기자'는
점을 전면에 내세우고 있다.

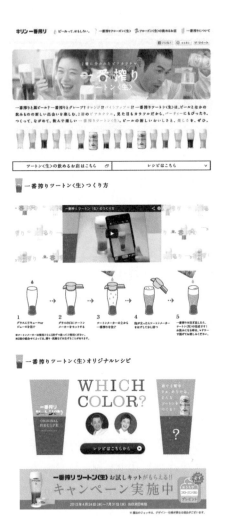

도쿄, 센다이, 오사카 등 국내뿐만 아니라 해외에도 있는 콘셉트 숍
'기린 이치방 시보리 가든'. 투톤 나마와 프로즌 나마를 즐길 수 있다.

찮지' 하고 호의적으로 콘셉트를 받아들여 주시는 겁니다.

또한 이치방 시보리를 즐기는 사람 중에는 진정한 자기 자신을 찾기 위해, 편안히 여유를 즐기기 위해 맥주를 마신다는 분이 특히 많은데요. 그래서인지 다른 여러 가지 일에 대해서도 유연한 사고방식으로 접근하는 분들이 많은 듯합니다.

호소야 애초에 자신과 다른 층을 타깃으로 한 상품이어서, 기존에 마시던 맥주를 바꿀 필요는 없으니까 크게 상관하지 않는다는 것이군요.

와다 오히려 함께 전파하고, 응원하겠다는 태도라고 할 수 있겠네요. 확실히 젊은 사람들과 함께 즐길 수 있다면 더 즐거울 테니까요.

호소야 재미있는 반응이네요.

와다 사실 가장 중요하게 여겨야 할 부분은 지금도 마시고 있는 분들에 관한 것이죠. 다양한 방면으로 여러 시도를 하되 함께하는 고객층을 무시하지 않으면서, 이들과 다른 부류를 연결해나가려는 노력이 필요하다고 생각합니다. 이런 점을 어필하기 위해 '투톤 나마'를 집에서 간단하게 만들도록 연구하고, 가족이나 친구들과 즐길 수 있는 세트를 슈퍼마켓에서도 판매하며, 광고에서도 다 같이 즐겁게 만드는 모습을 보여주는 등 점점 그 스토리를 넓혀가고 있습니다.

콘셉트 숍 '기린 이치방 시보리 가든'도 확장 수단의 하나입니다. 광고에서 보여주는 세계를 직접 경험할 수 있도록 많은 사람이 함께 즐기는 장소로 만들었습니다. 실제로 중장년층과 젊은이들이 함께 맥주를 마시는 모습을 심심찮게 볼 수 있어요. 젊지는 않지만 새로운 것을 시도해보고 싶은 분들과 그런 어른들을 귀엽다고 생각하는 젊은이들이 함께 맥주를 마시며 즐기는 그림이지요.

호소야 그렇군요. 그야말로 '맥주란 재미있는 것' 그 자체네요.

와다　이치방 시보리의 근본적인 브랜드 콘셉트는 '맥주의 즐거움을 느끼게 하자'는 것입니다. 이치방 시보리에서 사용하는 것은 여과해서 최초로 추출된 보리 엑기스입니다. 보통은 그 후에 뜨거운 물을 더해서 두 번째 엑기스를 추출해 섞어서 만들지요. 그러나 이치방 시보리는 첫 번째 추출 엑기스의 맛과 재미, 맥주의 즐거움을 맛볼 수 있도록 한 브랜드입니다. 이 브랜드를 통해 '맥주를 색다르게 즐기기 위한 방법'을 알리고자 하는 것이기에 브랜드 전략과도 일맥상통하지요. 지금까지와 전혀 다른 노선의 전략은 아니라는 겁니다.

호소야　앞으로는 또 어떤 비주얼을 선보일지 궁금합니다.

와다　'투톤 나마'를 색깔이 검은 '이치방 시보리 스타우트'로 만들어서, 가을과 겨울 느낌이 물씬 풍기는 비주얼로 완성해볼까 합니다. 검정색 밑에 빨간색 주스라든가, 검정색 밑에 하얀 리큐르_{liqueur}와 같은 조합이네요. 현재 전국의 약 6000개 매장에서 투톤 나마를 마실 수 있습니다. 고객이 테이블에서 직접 만들어볼 수 있도록, 각 매장에 이야기를 전달하고 있는데요. 앞으로 이러한 분위기가 더욱 확산되었으면 합니다.

•　**와다 겐이치로** 2003년 입사. 기린 커뮤니케이션 스테이지 도카이 사업부 배속. 할인 체인 점포에 대한 영업 활동과 가게 앞 매장 만들기 제안. 2008년 기린 맥주 마케팅 광역유통 총괄본부에서 전국총할인체인 본부담당. 담당 체인에 대한 프로모션 등 제안. 2013년 기린 맥주 마케팅부 상품담당으로 이동하며 '이치방 시보리', '라거' 등의 브랜드 육성.

모르는 것을 가시화하는 스토리
── 산텐 제약 '산테 PC'

컴퓨터나 스마트폰 등의 디지털 기기에서 발생하는 청색 빛인 블루라이트에 계속해서 노출되면, 이를 사용하는 사람들 눈에는 매일 조금씩 부담이 간다고 알려져 있다. 2013년 7월부터 판매를 시작한 산텐 제약의 '산테 PC'는 이 블루라이트로 인한 피해에 사람들이 관심을 가진다는 점에 주목해 새롭게 처방 설계한 안약이다.

드러그스토어 등에서 안약 시장은 OTC 의약품(일반용 의약품) 중 판매 개수가 많은 카테고리에 속한다. 또한 매출도 꾸준해서 매장에서도 고객을 유인할 수 있는 상품군이다. 그래서 일반적으로 안약 카테고리는 약 60~70개 이상 품목이 늘어서는 격전의 진열대가 되곤 한다.

이번에 산테 PC에 주목하게 된 것은 '블루라이트에 대처한 안약'이라는 명확한 콘셉트를 중시한 의약품이라는 점과 임팩트 있는 비주얼 커뮤니케이션visual communication을 제시했다는 점이 그 이유다. 신뢰성을 중시해야 하는 OTC 의약품으로서는 매우 도전적인 디자인이라고 할 수 있는 까닭이다. 블루라이트에 의한 영향을 알기 쉽게 전달하고, 참신하고 임팩트 있는 키 아이콘key icon으로 제품과 매장 디자인을 했다는 점에 신선함을 느꼈다.

상품을 개발한 콘셉트 배경으로는 인터넷 보급률이 거의 100퍼센트에 이르는데도, 실제로 약 50퍼센트에 해당하는 사람만이 시판 안약을 사용한다는 점이 있었다. "블루라이트에 장시간 노출되는 것에 따른 눈의 손상에 주목하다 보면, 새로운 수요 창출의 기회를 잡을 수 있으리라고 생각했다"고 산텐 제약의 약장사업부 마케팅실 브랜드 매니저 하시모토는 말한다.

가장 큰 문제점은 블루라이트의 인지에 관한 것이었다. 명칭은 알려졌지만 그 의미와 원인에 대한 인지도는 당시 아직 낮았던 탓이다. 그렇기에 블루라이트와 관련된 지식을 보급하는 작업과 함께 블루라이트에 의한 피해를 누구라도 쉽게 이해할 수 있도록 비주얼 커뮤니

안약 용기를 비스듬한 모양으로 만드는 등 30
대가 가지고 다녀도 자연스럽도록 캐주얼하게
디자인했다. 패키지에도 스티커를 붙여서 '블
루라이트'를 강조했다.

케이션으로서 가시화할 필요가 있었다. 산텐 제약은 기존의 안약처럼 컴퓨터와 스마트폰으로 피로해진 눈이 아니라, 블루라이트 대책이라는 구체적인 원인을 제시한 콘셉트로 변화시키는 데 성공했다.

30~40대 신규 구매자들이 가지고 다녀도 자연스럽게끔, 밝고 캐주얼한 느낌으로 디자인한 패키지도 주목할 만하다. 단지 매장에서 눈에 띄는 것만을 목표로 한 게 아니라, 블루라이트 대책용 아이웨어인 'JINS PC'와 콜라보레이션을 시도해서 피로로 침침한 눈의 느낌을 여러 가지 색으로 표현한 키 아이콘을 만든 것도 강한 인상을 남겼다.

안약 시장에 대한 신규 진입을 촉진하고자 '블루라이트에 의한 피해라는 알기 쉬운 문제점 제시'와 '피로로 눈이 침침한 느낌을 정서적으로 표현한 아이콘'이라는 두 가지 요소를 연동해 '사고 싶게 만드는 스토리'의 핵심으로 내세웠다. 매장에서 어떤 안약을 사야 좋을지 판단하기 어려운 시장이기 때문에 상징 등의 비주얼 커뮤니케이션은 더욱 중요하다.

향후 OTC 의약품은 신규 사용자의 공감을 얻기 위해, 더욱 깊숙이 고객의 내면에 파고들 필요가 있다. 다양한 지향성을 파악하게 된다면 무수한 스토리를 발견할 수 있을 것이다.

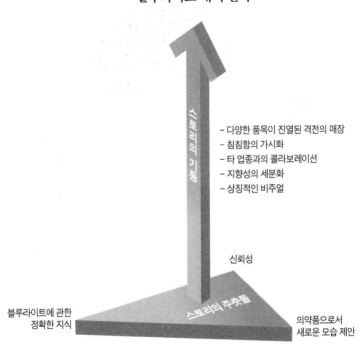

산텐 제약 산테 PC
블루라이트 대책 안약

스토리의 기둥

– 다양한 품목이 진열된 격전의 매장
– 침침함의 가시화
– 타 업종과의 콜라보레이션
– 지향성의 세분화
– 상징적인 비주얼

신뢰성

스토리의 주춧돌

블루라이트에 관한
정확한 지식

의약품으로서
새로운 모습 제안

스마트폰에서 나오는 수많은 빛으로 인해 눈이 침침해지는 현상을 표현한
임팩트 있는 키 비주얼. 앙케이트 조사에서도 호평을 받았다고 한다.

대담 × 하시모토 마사히로 橋本昌宙 약장사업부 마케팅실 브랜드 매니저

호소야   지금까지 봐왔던 일반적인 안약 케이스와는 다른, 꽤 모험적인 비주얼 커뮤니케이션을 시도했는데요. 이렇게 독특한 콘셉트를 가진 안약이 어떻게 만들어진 건지 궁금합니다.

하시모토   OTC 의약품 시장을 보면 2012년도 매출액은 1조 1000만 엔으로 조금 감소했는데, 안약 시장 자체는 전년도를 웃돌았습니다. 실제로 2012년에 산텐 제약이 실시한 조사에서는 '최근 눈이 피로하다'고 느끼는 생활자가 70퍼센트에 달했지요.

컴퓨터와 스마트폰 화면에서 나오는 많은 양의 블루라이트가 그 배경에 있다고 생각합니다만, 눈의 피로를 느끼는 생활자에게 구체적인 블루라이트 대책을 갖고 있느냐 물어보면 '그렇다'고 답한 사람은 10퍼센트 미만에 불과합니다. 절반 가까운 사람들은 앞으로 취할 대책으로서 '안약을 사용하고 싶다'고 답변했는데요. 안약을 사용하고 있는 사람의 비율은 50퍼센트 정도라고 합니다. 컴퓨터와 스마트폰의 급증에 따라 시장은 앞으로 더욱 확대될 겁니다. 산테 PC는 이렇듯 새로운 시장을 개척하기 위한, 말하자면 수요 창조를 노린 상품이었습니다.

호소야   이미 많은 안약이 진열된 상황에서 신상품이 비집고 들어가

는 것은 쉬운 일이 아니죠?

하시모토 맞습니다. 그래서 신상품의 특징을 생활자에게 어떻게 어필하느냐가 중요하지요. 주요 타깃층으로는 평소 컴퓨터와 스마트폰을 활발히 사용하는 30대 직장인을 생각했습니다. 젊은층에 어필하면 그 위에 있는 연령대에도 침투하기 쉬울 것이라는 판단이었죠.

호소야 아무래도 '블루라이트에 의한 눈의 손상을 어떻게 알릴 것인가'가 중요했을 듯한데요.

하시모토 그렇습니다. 산테 PC는 블루라이트에 장시간 노출됨으로써 유발되는 눈의 피로를 케어하는 성분을 처방합니다. 실험 결과를 토대로 하기에 효과에는 자신이 있었죠. 패키지 개발을 하던 단계에서는 아직 블루라이트라는 단어에 대한 인지도가 그다지 높지 않았습니다. 그래서 초창기 패키지 표면에는 블루라이트라는 글자를 넣지 않았지요. 그러나 이후 단어 인지도가 높아지면서 '블루라이트'라고 쓴 스티커를 기존의 패키지에 덧붙이거나, 새로운 패키지에는 아예 직접 단어를 배치하는 등 어휘 자체를 내세우기 시작했습니다.

호소야 타사와의 콜라보레이션도 중요한 전략이었습니다.

하시모토 블루라이트를 줄이는 기능성 아이웨어인 'JINS PC'를 제작한 제이아이엔사와 함께 광고를 전개한 것도 그 일환입니다. 양쪽 다 블루라이트 관련 상품을 개발하고 있기에 공동으로 캠페인을 진행하고, 지하철 차내에도 나란히 포스터를 게재했습니다. 블루라이트에 관한 자세한 설명은 산테 PC 홈페이지에 게재했죠. '왜 블루라이트에 장시간 노출되면 눈이 손상될까', '산테 PC를 사용하면 어떤 효과를 볼 수 있을까?' 등에 관해 설명했습니다.

호소야 특히 다양한 색의 아지랑이 같은 것들이 눈 위에 쌓여 있는 듯한 임팩트 있는 키 비주얼key visual이 매우 독특하게 느껴지는데요. 어떤 발상에서 만든 건가요?

하시모토 '블루라이트에 의한 눈의 손상을 어떻게 하면 완화시킬 것인가'가 상품의 콘셉트였기 때문에 이 점을 시각적으로 표현해내는 것이 관건이었습니다. 약 성분에 관한 설명은 홈페이지에서 찾아볼 수 있다고 해도, '블루라이트에 장시간 노출되면 눈에 좋지 않다는 점'부터 먼저 알기 쉽게 나타내야 했지요. 그래서 스마트폰을 보고 있는 사람의 눈 주위에 다양한 색을 배치함으로써 손상에 의해 눈이 따끔따끔하다는 감각을 표현했습니다.

호소야 이 키 비주얼에 대한 사내 의견은 어땠나요?

하시모토 사전에 패키지 앙케이트 조사를 하고, 그림에 대해서도 어떻게 생각하는지 의견을 물었습니다. 결과가 좋았던지라 사내에서도 불안함 없이 '이대로 진행하자'고 할 수 있었죠. 약국 등의 점포에 가면 70개 정도의 안약이 늘어서 있습니다. 이렇듯 신제품을 출시해도 쉽게 묻혀버리는 상황에서는 '그런데 이게 뭐지?'라는 말을 들을 정도가 되어야 고객에게 선택을 받을 수 있습니다. 매장 입구에도 색을 강조하는 디스플레이를 함께 선보이곤 했습니다.

호소야 애초에 기능이 확실하기 때문에 키 비주얼도 효과가 있었던 것이겠지요?

하시모토 산테 PC는 블루라이트에 의한 눈의 손상을 케어한다는 점을 명확하게 목적으로 삼았고, 성분 배합도 상당히 고심해서 만들었습니다. 정서적 커뮤니케이션이 적절한 상품군도 있지만, 산테 PC는 기능적인 부분을 강조하고 싶었기 때문에 다른 방법의 커뮤니케이션으로도 상품의 이점이 충분히 전달되리라 생각했습니다.

호소야 케이스도 일반적인 안약과는 많이 다릅니다.

하시모토 직장인들이 사무실에서 사용해도 어색하지 않을 이미지를 고려했습니다. 파우치에서 꺼내 쓰는 것이 자연스럽도록 스타일리시하고 귀여운 케이스를 비스듬한 모양으로 디자인했지요.

호소야 그 외에 어떠한 커뮤니케이션을 실시했나요?

하시모토 운이 좋게도 때마침 발매하기 직전에 블루라이트에 관한 국제학회가 일본에서 개최되었습니다. 그래서 산테 PC도 출전했는데, 이게 화제가 되면서 방송국에서 뉴스로 보도했죠. 판매를 시작한 후에는 지하철과 인터넷, 타사와의 콜라보레이션을 통한 캠페인, 신문이나 매장에서의 커뮤니케이션 등을 차례로 실시했습니다. 이른바 360도 커뮤니케이션을 했다고 할 수 있지요. 어쨌든 저희가 말하고 싶었던 것은 산테 PC가 갖춘 기능이었는데, 이를 위해서는 먼저 비주얼로 어필할 수밖에 없었습니다. 콜라보레이션 등을 통해 인지도를 높이고, 최종적으로는 매장에서 고객이 의사결정을 하게 합니다. 물론 약국 등의 매장에는 이미 다양한 안약이 존재합니다. 고객 중에는 여러 개의 안약을 사서 비교해보는 사람도 있을 겁니다. 그런데 그렇게 되면 오히려 기능에 자신이 있는 저희에게 유리할 것이라고 생각했지요. 결국에는 산테 PC를 선택할 거라고 말입니다.

• **하시모토 마사히로** 1986년 도시샤대학 졸업. 외국계 회사 두 곳에서 소비재 마케팅 및 OTC 마케팅을 담당. 1995년 산텐 제약 입사. 신제품개발, 광고선전, 마케팅을 담당.

공감을 배로 키우는 스토리
── TABLE FOR TWO International 'Win의 누적'

단돈 20엔으로 기아와 대사증후군을 동시에 해결하는 사원식당 프로그램을 알고 있는가? 대사증후군인 사원이 사원식당에서 20엔 비싼 '헬시 메뉴(보통 식사보다 낮은 칼로리로 영양 밸런스를 갖춘 특별 메뉴)'를 주문하면 아프리카에서 한 명의 어린이가 영양이 풍부한 급식을 먹을 수 있는 프로그램이다. 이 사회공헌 시스템은 사회적 기업인 TABLE FOR TWO International(이하 TFT)이 운영하고 있다.

즉 '한 끼의 식사로 두 사람의 건강이 이어져 있다'는 의미에서 단체명을 지은 것이다. 대형 은행, NHK, Google, 패밀리마트 등의 대기업을 비롯해 560개 기업과 단체가 이 프로그램에 참가하고 있다.

요즘 사회공헌 활동이라고 하면 지진 복구지원을 포함해, 관광이나 산업 활성화를 필요로 하는 지역을 찾아가 디자인의 힘으로 더욱 매력적으로 변모시키는 방법이 인기를 얻고 있다. TFT에서도 '어린이들이 굶고 있다'는 절실한 표현보다는 활동 자체에서 얻을 수 있는 기쁨과 보람, 즐거움을 중요하게 내세운다. 먼저 디자인의 힘으로 공감을 이끌어낸 후, 이어서 사회공헌에 대한 깊이 있는 이해를 유도하는 흐름이다.

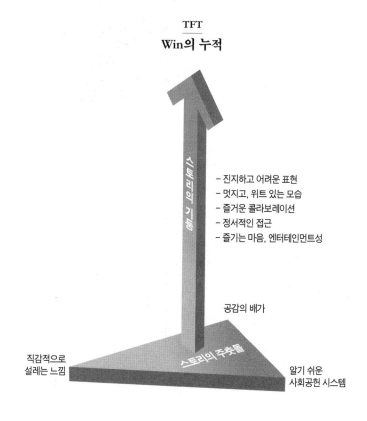

TFT

Win의 누적

스토리의 기둥

- 진지하고 어려운 표현
- 멋지고, 위트 있는 모습
- 즐거운 콜라보레이션
- 정서적인 접근
- 즐기는 마음, 엔터테인먼트성

공감의 배가

스토리의 주춧돌

직감적으로
설레는 느낌

알기 쉬운
사회공헌 시스템

TABLE FOR TWO

사원식당의 입구에 세워져 있는 TFT의 깃발. '사회공헌하자'라는
독특한 표현이 눈에 띈다.

큰 페트병은 오이식스(Oisix)와 공동으로 개발한 상품이다.
패키지 디자인은 멋있는 느낌을 의식했다.

한편 대표인 고구레 마사히사는 'Win의 누적'이라는 사고를 제창한다. 예컨대 TFT는 주로 일반 기업과의 콜라보레이션을 통해 상품을 개발한다. 브랜드 스토리가 '사람의 마음을 움직이는 전략'이라는 시점에서 보면, 이렇듯 자사의 독자적인 노선만을 고집하지 않고 다른 분야와의 협업을 통해 전혀 다른 카테고리에 참가하는 스토리를 그려볼 수도 있다. TFT 활동에 참가한 사람들은 바로 이 부분을 자랑스럽게 생각한다. "자유롭게 TFT를 즐기고, 활동을 공유해서 나름의 방식으로 재미를 느끼는 것이 중요하다"고 고구레는 말한다.

활동과 관련된 사람들을 자발적으로 움직이게 하는 '공감'이 열쇠라는 점이 바로 TFT의 브랜딩이다. 일반 기업은 시간과 노력이 필요한 '공감'이라는 비전은 평가하기 어렵다고 생각할지도 모른다. 그러나 출자자와 생활자, 참가 기업 등이 공감을 배가시킴에 따라 오히려 활동에 가속도가 붙으며 확대되고 있다는 사실을 아는가? 단순히 상품의 좋은 점을 호소할 게 아니라, 조직이나 사람들의 활동에 대한 공감이 연쇄 작용을 일으킬 때 이것이 브랜드를 지지하는 강한 스토리가 될 수 있는 것이다.

사회공헌은 자유롭게 즐기는 것에서 시작되어야 모든 사람의 공감을 얻을 수 있다. 많은 기업과 단체의 참가가 이 시스템을 성장시킨다.

사실 고지식한 방식보다 엔터테인먼트적인 감각으로 TFT를 전하는 것이 훨씬 어렵긴 하겠지만 말이다.

대담 × 고구레 마사히사小暮正久 **대표**

호소야　설립 5년 만에 560개 기업과 단체가 프로그램에 참여했습니다. 사원식당에서 식사를 한다는 일상적인 행위가 자연스럽게 기부로까지 연결되는 시스템인데요. 이렇듯 낮은 진입 장벽이 큰 효과를 거두고 있습니다. 직원 수가 많지 않은데, 어떤 스토리를 그리면서 활동을 시작했나요?

고구레　어느 한 기업만을 목표로 하는 것이 아니라, 매번 더 큰 규모에 도전하면서 함께 만들어나가는 스토리라고 할 수 있겠네요. 누구든지 "매출을 전년 대비 10퍼센트 올리십시오"라는 말보다는 "지구를 구합시다"는 말에 더 낭만을 느낄 겁니다.

　그렇지만 평소에는 특정한 각각의 업무를 지시받고 있기에, 보다 가치 있는 일을 실행할 수 있음에도 그 능력을 발휘할 수 없는 경우가 많죠. 우수한 사람일수록 기업 내에서 이러한 딜레마에 빠질 텐데요. 그들에게 직감적인 설렘이나 보람을 느낄 수 있도록 하는 시스템이 바로 TFT 프로그램입니다. 특히 오늘날의 비즈니스는 모두가 윈윈할 수 있는 상황이 아니면 좀처럼 일이 잘 풀리지 않습니다. 그런데 이와 같은 시스템은 기업 내에서 사실 잘 찾아볼 수가 없죠.

호소야　바로 TFT가 그러한 서비스를 제공하고 있군요. 그런데 일본

TFT 활동을 소개하는 동영상의 한 장면. 귀여운 일러스트가 특징으로, 홍콩의 어느 고등학생이 제작했다. TFT 프로그램으로 식사를 하고 있는 어른의 숟가락이 점점 길어져서 아이의 입으로 음식을 넣고 있다.

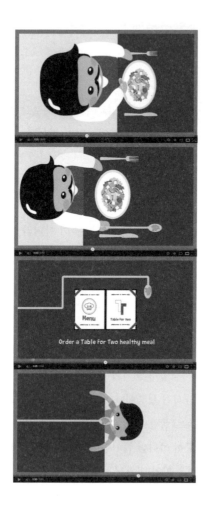

'세계 음식의 날' 캠페인 광고. 귀여운 어린이들을 그린 캐릭터 일러스트로 친밀감을 연출했다.

은 유럽이나 미국처럼 자원봉사 활동이 활발하지는 않습니다. 처음부터 기업이 TFT의 활동을 순순히 이해해준 건가요?

고구레　그럴 리가요. 하하. 어딘가 수상쩍고 기괴한 활동가 조직이라는 이미지가 있었는지, 찾아가면 소금을 뿌릴 것만 같은 느낌이었다고나 할까요. 시기적으로 동일본 대지진이 일어나기 전이었기에 사회공헌을 꼭 해야 한다는 분위기도 잡혀 있지 않았습니다. 또 이제 막 시작한 단체를 믿을 수 있을까, 하는 우려도 있었고요.

　사실 기업 입장에서는 그 누구도 책임질 만한 일은 원하지 않는 데다가, 잘못 엮이면 귀찮아질 게 뻔하니까요. 굳이 안 해도 되는 일이라면 그냥 내버려둔 채 오후 5시에는 집에 가고 싶은 게 사람 마음입니다. 그렇기에 강력한 동기가 없으면 참가를 유도하기가 힘들었습니다. 이런 활동에는 무언가 지렛대가 없으면 끝이겠다는 생각이 들었죠. 게다가 직원을 늘릴 만큼의 자금도 수입도 당시에는 없었습니다. 그러다 보니 어떻게든 사람들이 애정을 가질 만한 '브랜드 비즈니스'로 만들 필요가 있었던 겁니다.

호소야　구체적으로는 어떻게 한 건가요?

고구레　지금까지 진행된 사회공헌 비즈니스 브랜드를 살펴보면, 너무 뻔한 표현이 많았습니다. '좋은 일을 하고 있으니까 응원해주세요'라는 접근인 건데요. 그렇지만 재미나 독창성이 없고, 무엇보다 이러한 접근 방식을 사람들은 일상생활 속에서 그다지 만나고 싶어 하지 않습니다.

호소야　뻔한 표현이라면 어떤 게 있을까요?

고구레　'3초에 한 명, 어린이가 굶어 죽고 있습니다' 같은 예를 들 수 있겠네요. 조금 더 기대감과 설렘을 느끼게 할 만한 브랜드로 만들 필요가 있었습니다. 그래서 다른 NPO가 하는 활동에는 일절 손을 대지 않았고, 그들이 이전에 하지 않았던 것을 하려고 했지요.

예를 들어 과자 같은 상품과의 콜라보레이션이 있습니다. 또 멋진 그림이나 귀여운 캐릭터를 사용하는 곳도 생각보다 적더라고요. 그래서 유기농 식품을 판매하는 오이식스와 콜라보레이션해서 생수 페트병을 제작했을 때 패키지 디자인 등은 톱 디자이너에게 의뢰했죠.

대개는 굶주린 어린이의 사진이 인쇄된 패키지로 만들고는 합니다. 그렇지만 다음에 또 사고 싶다는 마음이 들까요? '이야, 이거 괜찮네! 어라, 사면 기부도 되네' 같은 순서로 만들어야 한다고 생각했습니다.

방금 말한 생수는 TFT와 기업이 콜라보레이션한 상품 중에서 스테디셀러로 여전히 잘 팔리고 있습니다. '멋지니까, 귀여우니까 응원하고 싶어진다'는 마음인 거겠죠. 사회공헌 활동도 '좋다'는 것과 '해야 하는데' 사이에는 커다란 차이가 있어서, 행동의 차원이 전혀 다릅니다.

호소야 지금까지 총 40~50개에 이르는 상품을 기업과 콜라보레이션해서 만들었습니다. 오이식스 생수처럼 처음부터 패키지를 만든 상품 이외에도, 기성품에 기부 기능을 부여한 형태가 있던데 어떻게 디자인하는지요?

고구레 그런 경우 패키지로 바꿀 수 있는 범위는 한정되어 있습니다. 그야말로 스토리와 관련된 부분만인데요. 예를 들어 편의점에서는 접촉 시간이 5초 이내인 사람들에게 호소해야 합니다. 따라서 '늘 먹는 비스킷으로도 기부할 수 있다'는 것을 가장 간단하게 전하는 디자인으로 만드는 데 집중합니다. 어린이가 위기에 처해 있다는 부분만을 포커스에 두는 것만은 되도록 피하려고 합니다.

호소야 음, 기업의 브랜드 전략으로는 흔히 볼 수 있는 장면인데요. 지금까지 NPO가 이렇게 정서적인 접근을 하지 않은 이유는 무엇일까요?

고구레 비판이 무서우니까요. 멋진 사진이나 조금 위트 있는 문구를 사용하면 '심각한 상황인데 진지해야지', '그렇게 가볍게 치부해서는 안 될 텐데'라는 말을 반드시 듣게 됩니다. TFT도 그랬습니다. 소수라도 그런 의견이 있으면 기가 죽기 마련이지요.

호소야 심각한 일이니까 그럼도 문장도 딱딱해야 된다는 말이네요.

고구레 내용, 그러니까 알맹이만 알차다면 '장난기'가 조금 있어도 괜찮습니다. 여하튼 보여주는 방법은 매우 중요하지요. 예를 들어 '감사합니다' 하고 전단지를 받고서는 바로 버리는 경우도 많습니다. 그래서 TFT에서는 아직도 불특정 다수를 대상으로 전단지를 나눠드리지 않습니다. 원하는 사람에게만 드립니다. '전단지는 반드시 나눠주어야 한다'는 관습에도 거부감이 있었습니다. 돈도 들고, 또 자원을 낭비하고 싶지 않았거든요. 마찬가지로 연간 보고서도 한번 보고 마는 것이 되지 않도록 디자인에 심혈을 기울이고 있습니다. 기업이 발행하는 인쇄물에는 '기업이 브랜드를 대하는 마음'도 함께 담기기 때문에, 만드는 모든 것에 심혈을 기울이고 싶습니다.

호소야 TFT에 관한 책도 출판했는데, 표지에 매우 세련되고 멋진 사진이 들어가 있네요.

고구레 그 사진은 꽤 도전적인 선택이었습니다. 더 무난한 사진도 있었는데요. 제목만으로는 내용을 이해하기 어려울 것 같다는 생각에 '이것저것 상황을 설명하는 사진'을 선택하기 쉬운데, 오히려 그런 사진은 배제했습니다. 재미없으니까요.

호소야 앞으로 TFT 브랜드가 어떻게 진화해나가야 한다고 생각하나요?

고구레 젊은 세대는 이미 사회공헌 활동을 취미나 문화적인 요소로 여기고 있습니다. 윗세대 어른들 중에서는 '그저 취직할 때 한 줄 쓰려고 하는 거겠지' 하고 생각하는 분들도 많은데, 그렇지 않습니다. 지금도 학생들은 자발적으로 TFT를 홍보하는 활동을 하고 있어요. 젊은 세대가 더 자유롭게 TFT를 즐길 수 있는 환경을 만들고 싶네요.

· **고구레 마사히사** 1972년생. 와세다대학 이공학부 졸업 후, 호주 스윈번 공과대학에서 인공심장 연구. 1999년 동대학 석사 졸업 후 맥킨지&컴퍼니 도쿄 지사 입사. 헬스케어, 미디어, 소매유통, 제조업 등 폭넓은 업계의 조직 개혁·오퍼레이션 개선·영업 전략 등의 프로젝트에 종사. 2005년 쇼치쿠 입사 후 사업 개발을 담당. 이후 TABLE FOR TWO International 창설.

발견을 제공하는 스토리
— 파나소닉 'Panasonic Beauty'

파나소닉의 미용 가전 브랜드 'Panasonic Beauty'는 2004년 스티머 '나이케어'를 시작으로 휴대용 오럴케어, 두피 에스테틱, 눈가 에스테틱 등과 같은 히트 상품을 차례로 출시했다. 새로운 상품 가치를 단적으로 전달하는 메시지, 다양한 매체를 활용한 디자인 등이 이 브랜드의 성공 요인으로 손꼽힌다.

파나소닉 미용 가전의 캐치프레이즈는 1992년부터 줄곧 '예쁜 여성을 좋아하시나요?'였다. 그런데 2010년에 이르러 '바쁜 사람을 아름다운 사람으로'로 메시지를 크게 바꾸었다. 이는 미용 가전의 새로운 고객층을 만들겠다는 목표에서 나온 변화였다.

2007년 당시는 고급 스킨케어 상품 시장이 아직 성장해가는 시점이었기에, 미용 마니아나 유명 블로거 등이 큰 주목을 받았다. 그 때문에 돈과 시간을 들일 수 있는 사람만이 미용 가전을 사용한다는 이미지도 없지 않았다.

한편 여성의 사회 진출이 가속화되면서 '열심히 일하느라 미용에 들일 시간이 없다'고 불만을 갖는 이들이 늘어나기 시작했다. 그들은 외면의 아름다움에만 집착하는 것은 꼴사납다고 생각했기에, 미용에

Panasonic Beauty

바쁜 사람을 아름다운 사람으로

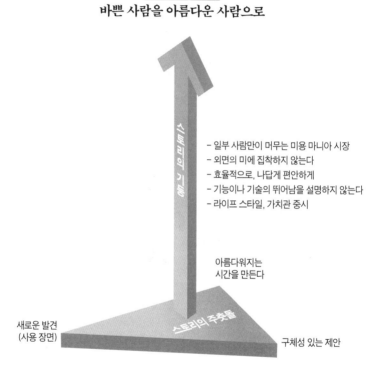

스토리의 기둥

- 일부 사람만이 머무는 미용 마니아 시장
- 외면의 미에 집착하지 않는다
- 효율적으로, 나답게 편안하게
- 기능이나 기술의 뛰어남을 설명하지 않는다
- 라이프 스타일, 가치관 중시

아름다워지는
시간을 만든다

새로운 발견
(사용 장면)

스토리의 주춧돌

구체성 있는 제안

위 '예쁜 여성을 좋아하시나요?'를 바꾸어서 2010년부터 바쁜 여성일수록 아름워다야 한다는 메시지를 어필했다.

아래 2011년에는 사용자인 일반 여성이 모델로 등장했다.

사용 장면 제안

왼쪽   차량 광고 스티커를 통해 귀가 시 지하철 창문에 자신의 피곤한 얼굴이 비치는 장면을 연출했다.

오른쪽   매장 디스플레이에서는 구체적인 사용 모습을 알 수 있도록 한다. 'Panasonic Beauty' 아이템을 갖추고 싶게 만드는 즐거움도 보여준다.

공감 제안

왼쪽   페이스북에 'Panasonic Beauty 미용 클럽'을 개설했다.

오른쪽   여성 사원들이 미에 대해 독자적으로 연구하고, 자발적으로 발신하고 있다.

관심은 있어도 오로지 겉으로 드러나는 아름다움만을 위해서는 돈을 쓰지 않았다. 또한 미용 가전을 자신을 위한 도구로 인식하지 않았다. 그래서 '효율성'이라는 관점을 중심으로 '아름다워지는 시간'을 제공한다는 가치를 강조하면서, 그들이 상품에 관심을 갖도록 하여 미용 가전 수요의 저변을 확대시키겠다는 전략을 연구했다.

그들은 바쁜 데다가 자세한 기능에는 관심이 없다. 미에 관한 가치관이 변화하는 와중에 '이 상품은 나에게 무엇을 해줄 것인가'라는 본질적인 가치를, 구체적인 예시로 제시하는 것이 중요하다. 그래서 광고에서는 '바쁜 사람을 아름다운 사람으로'라는 메시지와 함께 잠을 자면서도 케어할 수 있는 구체적인 사용 장면도 전달하려고 했다. 기능이나 효과 등 상품 중심의 접근이 아닌, 사용 장면이나 라이프 스타일을 깊게 파헤치는 인사이트 중시 전략을 통해 확보하고 싶은 고객의 마음속 깊이 파고드는 Panasonic Beauty만의 새로운 스토리가 만들어졌다고 할 수 있다.

또 최근에는 페이스북에 'Panasonic Beauty 미용 클럽'을 개설했다. 상품 관련 업무를 담당하는 사원들이 바쁜 여성을 대변하며 자발적으로 정보를 발신하고 있다. 이는 실제로 '바쁘지만 아름다움을 포기하지 않는 모습'이기에 설득력이 있으며 공감을 일으킬 수도 있다. 이러한 미디어 전략을 통해 Panasonic Beauty는 새로운 수요의 저변을 넓히고 있다.

앞으로 일본 여성의 계속된 약진으로 사회와 여성을 둘러싼 관계가 변화하면, '효율성'과는 또 다른 새로운 미용 가전의 가치를 제공하며 진화하는 Panasonic Beauty의 스토리를 만날 수 있을 것이다.

대담 × 사이토 미와코藤美和子   커뮤니케이션그룹 크리에이티브팀 주사

호소야   파나소닉의 미용 가전 역사는 의외로 길다고요?

사이토   드라이어는 1937년부터 판매했고, 미안기 같은 페이스케어 상품도 출시 이후 40년 정도 시간이 지났네요. 꽤 오래 전부터 개발과 판매를 해왔는데, 라인업을 갖추고 주목받기 시작한 것은 콤팩트한 형태로 바뀌고 가격도 저렴해진 2000년대에 들어선 이후입니다. 그 시기를 전후로 해서 '예쁜 여성' 등의 캐릭터가 광고에 등장하기 시작했고요.

호소야   2010년에 캐치프레이즈를 '바쁜 사람을 아름다운 사람으로'로 바꾼 의도는 무엇이었나요?

사이토   제가 미용 가전 카피를 담당하게 된 게 그 무렵인데요. 시장의 확립을 생각했을 때 'Panasonic Beauty' 브랜드를 지금까지와는 다르게 보여주어야 할 필요가 있었습니다.

그전까지는 기능이나 효과를 어필했는데, 그렇게 되면 오히려 '결국 무엇을 해주는 상품인가'가 잘 가닿지 않더군요. 특히 기능이나 기술을 설명해도 전혀 마음이 움직이지 않는 사람들에게는 더더욱 말입니다. 예를 들어 '이렇게나 피부가 촉촉해집니다'라고 말해도 '그래서 고급 화장품과 어떻게 다르다는 말인가' 하는 반응인 것이지요. 이

미 미용 가전을 가지고 있어서 기능이나 효과를 비교할 수 있는 사람은 알겠지만, 세탁기처럼 교체 수요가 있는 상품과는 다르니까요. 열혈 미용 마니아 이외에도 수요를 넓히기 위해서는, 일반 여성의 라이프 스타일이나 가치관을 자극해서 어필할 필요가 있었습니다.

그리고 저도 그렇지만, 최근에는 일하는 여성이 많이 늘었습니다. 그들은 항상 바쁘죠. 피부 관리를 받으러 갈 여유가 있다면 차라리 그 시간에 눈 좀 붙이고 싶을 정도로, 미용에 시간을 들이고 싶어도 그럴 수가 없습니다. 그렇다면 '시간에 쫓기는 상황에서 화장품과 다르게 미용 가전만이 내세울 수 있는 기능은 무엇인가'를 생각했을 때 머릿속에 떠오른 것이 '바쁜 사람을 아름다운 사람으로'라는 메시지였습니다.

처음에는 남자 상사가 '이렇게 해서는 무슨 상품인지 알 수 없다'는 이유로 반대를 했습니다. 그런데 카탈로그를 열심히 들여다보는 사람이라면 괜찮겠지만 '그래서 결국 말하고 싶은 게 뭐야? 바빠 죽겠는데' 하는 쌀쌀맞은 사람이 대상이라면 역시 표현을 바꿀 수밖에 없었습니다.

호소야 기술이나 기능과 다르게, 정서적인 가치를 전달하는 것은 참 어렵습니다.

사이토 잠자면서 피부 관리가 가능한 '나이트 스팀'이 나왔을 때는 이른바 예뻐진다는 가치관뿐만 아니라 사용법도 제안할 수 있겠다는 생각이 들었습니다. 시간 절약도 되고 지금까지의 미용 개념과는 좀 다르니까요. 그래서 홍보 스타일을 바꾸어서 보급하면, 필수품으로 인식시킬 수도 있겠다 싶었죠. 광고에서는 '잠자면서 피부 관리'를 하는 구체적인 사용 장면을 제안하는 지면과 '바쁜 사람을 아름다

기존 미용 가전   **Panasonic Beauty**

		▶		
미용 마니아	노력·끈기		일반 여성	나답게 편하게
기능성 중시	시간을 들이다		효율성 중시	시간을 만들다

미용 가전이 내포하는 이미지 변환. 기존의 미용 가전에는 미용 마니아가 사용하는 도구라는 이미지가 있었다. 이번에는 업무와 일상생활로 바쁜 여성들에게 미용 가전의 '효율성'을 강조했다. 예를 들어 '드라이어를 사용하는 시간 자체가 에스테틱의 시간이 된다'는 식으로 '아름다워지는 시간을 만드는' 도구로 어필하여 미용 시장의 저변을 확대했다.

운 사람으로'라는 메시지를 소개하는 지면을 언제나 나란히 배치하고 있습니다.

호소야 브랜드 컬러로 진한 핑크를 사용한 것은 여성 고객을 의식한 부분인가요?

사이토 네. 그런데 사실 지금까지는 나노케어 상품을 광고할 때 기본적으로는 블루를 바탕으로 진행했습니다. 아무래도 '파나소닉' 하면 블루라는 이미지가 있어서 핑크를 사용하는 것은 어려운 결정이었죠.

하지만 역시 여성용 브랜드의 이미지를 만들어야 된다고 생각하면 핑크가 눈에 띕니다. 게다가 '마젠타 100'의 진한 핑크여야 했는데요. 상품의 타깃층이 전업주부건, 직장인이건 어딘가 강단이 있는 여성들인 까닭입니다. 부드러운 이미지의 파스텔톤으로는 그런 이미지를 소구하기 어려우니까요.

호소야 2011년에는 일반 여성도 포스터 모델로 기용했습니다만, 그 이유는 무엇인가요?

사이토 시간과 돈이 있는 특별한 사람만이 아니라, 평범한 여성에게도 수요가 확산되고 있다는 점을 어필하고 싶었습니다. 유명인을 사용한 단순 광고보다는 현실감 있게 절실함을 호소하는 프로모션이 최근에는 더 주목을 받는다는 분위기도 고려했고요. 확실히 방송인은 얼굴과 표정으로 메시지를 표현하고 전달하는 데 능숙합니다. 일반 고객이라면 특히 이 부분이 어렵지요. 그렇지만 희한하게도 광고 효과는 일반 고객을 기용했을 때가 훨씬 좋습니다.

모델은 실제로 상품을 사용하는 분들을 대상으로 응모를 받은 후, 회사에서 이런저런 기준에 따라 선정하는 방식인데요. 단순히 예쁜 이목구비를 갖추었느냐가 그 기준은 아닙니다. 신기하게도 삶의 방식과 같은 것이 표정과 행동에 다 드러나더라고요. 전업주부건 전문 요리사건 마음속에 신념을 지니고 있는가가 사진에 모두 나타납니다. 게다가 실제로 상품을 사용해본 의견을 매우 솔직하게 말해주시는 부분도 좋습니다. 그 덕분에 상품의 장점을 효과적으로 어필할 수 있지요.

호소야 촬영은 어떤 식으로 진행했나요?

사이토 일이라든가 육아 이야기를 주고받으며 자연스럽게 진행했습니다.

호소야 브랜드 전략을 세울 때 구체적인 인물상을 설정하는지 궁금하네요.

사이토 상세한 페르소나는 일부러 설정하지 않습니다. 현대 일본 여성이 생각하는 아름다움이란 무엇인가, 오직 그 부분을 고민했죠. 지금은 일하는 여성이 많아져서 예전보다 훨씬 자유로운 삶이 가능해졌습니다. 그렇지만 그만큼 자신을 꾸미고 돌보는 일에 시간을 할애하기는 힘들어졌어요. 이러한 여성상을 염두에 두고 콘셉트와 카피를 생각했을 때, 저는 '바쁜 사람일수록 아름다워야 한다'는 생각이 들었습니다.

이왕이면 아름다운 모습일 때 자신감도 더해지는 법입니다. 이러한 변화를 원하는 분들에게 미용 가전을 소개하고 싶다고 생각한 것이 광고 콘셉트의 밑바탕이 되었습니다. 앞으로 성별의 차이는 더욱 좁혀지고, 삶의 방식을 둘러싼 선택지도 더 많아질 겁니다. 어쩌면 '바쁜 사람'이라는 말을 쓸 일이 없어져버릴지도 모릅니다. 이 일을 맡았을 때 나 자신이 상품의 스토리텔러가 되어야겠다고 생각했습니다. 다음에는 어떤 메시지를 발신할 것인가, 시대의 흐름을 제대로 읽는 브랜드 스토리를 만들고 싶네요.

• **사이토 미와코** 1976년생. 와세다대학 졸업 후 2000년에 파나소닉 입사. 카피라이터, 크리에이티브 디렉터로 가전제품 광고 제작을 담당. 2003년 '도쿄 카피라이터즈 클럽 신인상' 수상. '바쁜 사람을 아름다운 사람으로'의 카피를 비롯해 '눈가 에스테틱' 명칭도 고안. '사랑받는 광고'를 만드는 것이 모토. '짝사랑도 스토커도 나밖에 모르는 태도도 금물이다. 제대로 상대와 커뮤니케이션하는 광고를 만들고 싶다'고 이야기한다. 컨슈머마케팅재팬본부에서 활약 중이다.

4장

사례:
원풍경이 있을 것

4장에서는 '원풍경이 있을 것'에 관한 사례를 소개한다. 원풍경이란 사람의 마음이나 기억 깊은 곳에 있는 원초적인 풍경을 의미한다. 실재하는 풍경이 아니라 마음속에 하나의 이미지로 자리잡은 풍경일 수도 있다. 이는 생활자의 가치관이나 사고방식에 따라 크게 변하기도 한다.

여기에서는 신생 일본의 날개인 일본항공日本航空의 '새로운 유니폼', '좌절로부터의 재생'을 테마로 내건 NHK 대하드라마 〈야에의 벗꽃八重の桜〉의 타이틀 백title back, 파리의 전통 과자점 라뒤레La Durée와 화장품 메이커인 알비온ALBION과의 콜라보레이션으로 탄생한 '레 메르베유즈 라뒤레レ·メルヴェイユーズ ラデュレ', 혼다HONDA의 쌍방향 통신형 자동차 내비게이션 '인터내비ｲﾝﾀｰﾅﾋﾞ'에서 탄생한 아이폰 전용 애플리케이션 'RoadMovies', 수많은 스타벅스 매장 가운데 유일무이한 존재가 되는 장소를 추구한 새로운 스타일의 '인스파이어드 바이 스타벅스Inspired by STARBUCKS' 등 다섯 가지 사례를 소개한다.

먼저 일본항공의 '새로운 유니폼'과 관련해서는 디자인을 담당한 패션 디자이너 마루야마 게이타丸山敬太와 이야기를 나누었다. 일본항공이 계속 지켜온 가치로는 심벌마크인 쓰루마루鶴丸(일장기와 두루미를 본뜬 도안—옮긴이), 품격과 전통, 진심으로 손님을 접대한다는 의미의 '오모테나시おもてなし' 등 수많은 요소가 있다. 또한 일본의 국적기로서 갖는 자부심인 원풍경이 직원들의 인터뷰 속에 정리되어 있던 부분이 상당히 흥미로웠다.

이어서 NHK 대하드라마 〈야에의 벗꽃〉의 타이틀 백과 관련해서는 영상 작가인 히시카와 세이치菱川勢一와 만나 이야기를 나누었다. 그중에서도 "일본인은 높은 문화적 수준을 가지고 있어, 어렴풋이 표현해도 받아들이는 쪽이 제대로 이해를 한다"는 코멘트가 인상적이었다. 영상 스토리를 제작하는 과정에서도 원풍경이 얼마나 중요한 역할을 하는지 알 수 있었다.

'레 메르베유즈 라뒤레'는 포화 상태인 화장품 시장 속에서 차별화를 꾀하고자 시도한 의외성이 있는 콜라보레이션 프로젝트다. 화장품과 파리의 전통 과자점이 갖는 원풍경, 매력적인 여성상에 관한 원풍경 등 본질적인 포인트가 많이 집약된 사례다. 또한 그 브랜드 스토리를 상품을 개발하는 데 필요한 발상의 출발점으로 활용한다는 점이 인상 깊었다.

'RoadMovies'는 혼다가 제공하는 가치인 '차에 타는 즐거움'을 전하는 동시에, 드라이브를 즐기며 가족이나 친구들과 추억을 만들 수 있도록 돕는 독특한 접근 방식의 사례다. 스마트폰의 애플리케이션에서도 혼다가 생각하는 차에 타는 즐거움에 관한 원풍경이 살짝 숨겨져 있다.

마지막은 새로운 스타일의 스타벅스인 '인스파이어드 바이 스타벅스'다. 그야말로 콘셉트 스토리를 온몸으로 느낄 수 있는 곳으로, 스타벅스가 보다 지역에 밀착한 맞춤형 서비스를 제공하고자 한 사례다. 글로벌 브랜드가 생각하는 '도쿄다운 커피점'에 관한 원풍경을 모색하는 듯한 모습이었다. 브랜드 스토리는 그 점포의 상권에 포커스를 맞춘 고객 시점에서 태어났다.

그러면 '원풍경이 있을 것'이라는 시점에서 다섯 가지 사례를 살펴보자.

일에 자부심을 느낄 수 있는 스토리
─ 일본항공 '새로운 유니폼'

2013년 6월부터 일본항공(JAL) 그룹은 마루야마 게이타가 디자인한 새로운 유니폼을 착용했다. 마루야마는 자신의 브랜드인 'KEITA MARUYAMA' 외에도 무대 의상이라든가 이세탄 등 기업 유니폼과 교복 디자인에 이르기까지, 폭넓게 활동하고 있는 일본을 대표하는 패션 디자이너다.

이번에 리뉴얼한 유니폼은 빨간색, 흰색, 검정에 가까운 짙은 남색이 기본 컬러다. 다시 사용하기 시작한 로고마크 '쓰루마루'에서 두루미의 색이 연상된다.

구체적으로는 블라우스와 스커트로 구성되었던 일반 객실승무원 유니폼을 보다 활동적으로 움직일 수 있도록 원피스에 재킷 스타일로 변경했다. 기능성을 한층 더 추구한 것이다. 짙은 남색에 청량감을 주는 흰색과 빨간색을 포인트로 사용해서 로고마크를 스카프와 벨트에 배치했다. 마루야마는 색도 디자인도 국적기로서 일본항공이 갖는 '품격'과 '전통'을 느낄 수 있도록 고안한 디자인이라고 설명했다.

그렇다면 일본항공의 새로운 유니폼은 어떤 스토리를 가지고 있을까? 마루야마는 "그 어떤 항공사보다도 멋지고 세련되었다고 자부할

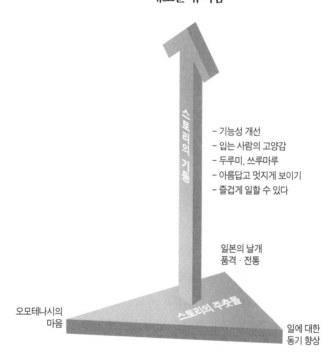

일본항공
새로운 유니폼

스토리의 기둥

– 기능성 개선
– 입는 사람의 고양감
– 두루미, 쓰루마루
– 아름답고 멋지게 보이기
– 즐겁게 일할 수 있다

일본의 날개
품격 · 전통

오모테나시의
마음

스토리의 주춧돌

일에 대한
동기 향상

수 있는 유니폼을 입고 즐겁게 일하며, 그에 따라 고객에 대한 오모테나시가 우러나도록 하는 것을 목표로 디자인했다"고 강조한다.

매일 착용하는 유니폼이 사원의 동기 부여에 미치는 영향은 무시할 수 없다. 자신을 멋지고 아름답게 보이게 하는 디자인의 유니폼이라면 자부심을 가지고 입을 수 있으며, 그것이 좋은 접객과 업무 수행으로 이어진다고 생각하는 까닭이다.

알다시피 항공 업계에서도 저비용항공사(LCC)의 존재감이 매우 커지고 있다. 가격과 서비스 질의 균형을 생각하면서, 글로벌 경쟁을 목표로 한층 더 갈고닦아야 하는 시대임에 틀림없다.

그러나 일본항공이라는 브랜드가 갖는 본래의 강점은 오랫동안 축적해온 전통과 안심감, 품격이다. 이러한 부분을 무시한 채 단순히 글로벌 LCC와 가격 경쟁을 토대로 한 싸움을 벌인다면, 아마도 좋은 결과를 얻을 수는 없으리라.

오래 전부터 이어져온 전통이나 고객의 애착뿐만 아니라, 사원 의식 자체를 고양시키기 위해서도 쓰루마루의 로고마크를 크게 배치한 벨트와 스카프는 자부심의 증표가 되어줄 것이다.

새로운 유니폼은 기능을 중시하면서도 입는 사람이 자부심을 느낄 수 있도록 품격과 전통이라는 콘셉트를 확실하게 고려했다는 점에서 큰 의미가 있다. 사원 한 사람 한 사람이 기분 좋게 일하면서, '일본의 날개'로서의 자신감을 되찾는 스토리가 그려진 것이다.

대담 × 마루야마 게이타丸山敬太 디자이너

호소야 　유니폼 디자인을 앞두고 일본항공에서 일하는 많은 직원분들의 의견을 참고했다고 들었습니다.

마루야마 　유니폼은 고객에게 기업의 이미지와 메시지를 전하는 중요한 도구입니다. 한편 실제로 입는 분들의 의견도 중요한데요. '기능적이면서도 연대감과 자부심을 가질 수 있는 디자인이면 좋겠다', '입는 사람의 느낌을 중요하게 생각했으면 좋겠다' 하는 요청이 있었습니다.

　그래서 일본항공 그룹 사원 수천 명으로 구성된 '신 유니폼 프로젝트팀'과 함께 의견을 교환하며 만들었지요.

호소야 　그와 동시에 '오모테나시의 마음'을 구현한다는 것도 이번 리뉴얼 디자인의 키워드로 다루었는데요.

마루야마 　결국 접객은 먼저 자기 자신이 즐겁게 일할 수 있을 때, 그 기분을 고객에게 전하며 보다 좋은 오모테나시로 이어지는 것이라고 생각했습니다.

　그래서 직원들이 기분을 끌어올릴 수 있도록 '다른 어떤 항공사보다도 우리 유니폼이 멋지고 세련되었다'고 여길 만한 디자인 방향을 의식했습니다. 그런 유니폼이라면 입는 것만으로도 자부심을 갖게 일반 객실승무원. 기존에는 사각형 모양의 스카프를 접어서 매었으나 기능적인 면에서 무겁다는 지적이 있었다. 이번에는 처음부터 묶은 형태로 만들어서 나머지 부분은 잘린 상태로 착용했다.

그룹사의 스카프는 일본항공과 색상이 다르다.

173

되며, '할 일'과 '해야만 하는 일'을 자연스럽게 느낄 수 있으리라 생각했죠. 옷은 역시 입는 사람의 동기 부여에 크게 영향을 미치니까요. 적어도 옷을 디자인하는 저는 그렇다고 굳게 믿고 있습니다.

물론 '멋지다'고 느끼는 부분은 사람마다 각자 취향이 다른 까닭에, 이런저런 이야기를 많이 나누었습니다. 여러 패턴을 만들어서 의견을 주고받으며 신뢰 관계를 쌓아올려 완성했지요.

호소야　직원분들과 이야기를 주고받는 과정에서 특히 디자인에 영향을 주었거나 인상적이었던 일은 무엇인가요?

마루야마　저는 직업상 비행기를 자주 타는데, 지금까지 '기내는 춥고 건조하다'라는 이미지를 갖고 있었습니다. 그래서 겉옷을 하나 걸치거나 담요를 덮고는 했는데, 알고 보니 그곳에서 일하는 분들은 '덥다'고 느끼고 계셨더라고요. 이 부분이 참 의외였습니다.

그만큼 쉼 없이 움직이는 고된 일이라는 이야기인데요. 따라서 소재가 무거워서 덥지 않도록, 그리고 움직이는 데 불편함이 없도록 하는 데 주의를 기울였습니다.

비용 절감도 주요한 사항이었습니다. 이 부분도 포함해서 몇 번이고 시행착오를 되풀이하면서, 기획에서 실제 발표까지는 1년 정도 시간이 걸렸네요.

호소야　'쓰루마루' 로고가 부활한 것도 이번 리뉴얼 디자인의 큰 특징입니다.

마루야마　쓰루마루는 정말 아름다운 로고마크입니다. 더는 사용하지 않는다고 해서 참 안타까웠는데, 이렇게 다시 부활하고 또 제가 그 디자인을 담당하게 되니 영광스러울 뿐입니다.

호소야　쓰루마루의 어떤 점에서 아름다움을 느끼나요?

마루야마 전통적인 디자인이면서도 그와 동시에 세련되고 현대적인 느낌을 지녔다는 점입니다. '두루미의 날개'가 '비행기'를 연상시키는데 일본을 대표하는 전통과 역사가 있는 항공사, 즉 '일본의 날개'를 표현하고자 할 때 이 마크 하나로 응축해서 표현할 수 있다는 점에 아름다움을 느꼈지요.

호소야 마크의 아름다움을 살리기 위해서 의식한 부분이 있다면요?

마루야마 쓰루마루의 빨간색을 효과적으로, 각각의 패턴에 적용해서 배치했습니다. 쓰루마루의 마크나 빨간색을 보면 일본항공이 지닌 안심감과 품격을 느낄 수 있도록 표현되기를 바랐습니다.

실제로 처음 방문한 나라나 공항에서 일본항공 직원들과 마주하면 왠지 모르게 마음이 편안해집니다. 그래서 예를 들어 걷거나 일을 할 때 재킷의 페플럼(재킷이나 블라우스의 허리 아랫부분―옮긴이)에서 살짝 빨간색이 보이도록 구상했는데요. 마치 꼬리처럼, 아름다운 두루미가 서 있을 때의 이미지를 생각해서 디자인한 의도도 있습니다.

호소야 옛날 쓰루마루 시대를 아는 세대에게는 자칫 낡은 이미지를 떠올리게 할 수도 있었습니다. 빨간색과 흰색을 전면에 떡하니 드러냈다면 아무래도 케케묵은 느낌을 피할 수 없었을 겁니다.

마루야마 지금 이 형태로 완성되기까지 엄청나게 다양한 시안이 버려졌습니다. 개중에는 빨간색이 더욱 돋보인다든가, 검정색을 바탕으로 한 시안도 있었죠. 컬러는 빨강, 검정, 흰색, 남색 또는 그에 가까운 파랑으로 만들어달라는 일본항공의 요청이 있어서 이를 토대로 디자인 패턴을 만들었습니다.

호소야 두루미를 연상시키는 색들이네요. 본인만의 디자인을 완성시키기 위해 또 어떤 작업을 했나요?

재킷의 소맷부리와 옷자락에 빨간색을 포인트로 배치했다.
재킷의 페플럼은 두루미의 꼬리를 연상시키는 실루엣으로
살짝 빨간색이 보이게 디자인했다.

선임 객실승무원. 흰색 재킷으로 일반 객실승무원과 차이를 두었다. 재킷의 페플럼은 일반 객실승무원과 마찬가지로 빨간색을 포인트로 주었다.

마루야마 음, 망상이네요. '이런 모습을 한 객실승무원이 있다면 참 품위 있고 멋지겠다' 같은 거였죠. 그리고 앞서 말씀드렸지만 동기 부여를 하기 위해서는 어떻게든 일하는 사람이 아름답고 멋지게 보이기를 바랐습니다. 이 부분을 머릿속에서 수없이 이미지화했죠.

호소야 구체적으로 어떤 디자인이어야 아름다워 보일까요?

마루야마 스타일 좋게 보이기 위해서는 포인트를 조금씩 위로 올리는 연구가 필요합니다.

여성 유니폼이라면 원피스의 벨트 위치나 절개선을 위로 올립니다. 얼굴 주변에 흰색 옷깃이 오게 하는 방법도 있고요. 남성 유니폼은 실루엣을 꽤 샤프하게 잡았습니다. 기능성을 고려하면 여유 있는 편이 움직이기 쉬울 거라고 생각하는 분도 많겠지만, 실제로는 패턴만 제대로 잡혀 있으면 몸에 딱 맞는 편이 활동하기에 편하죠.

호소야 경쟁사도 고려 대상이었을 듯한데요

마루야마 색깔이 겹치지 않게 하는 것은 당연하고요. 그 외에 차별화한 부분을 말하자면, 일본항공의 특징은 '품격'입니다.

전일본공수(ANA)의 디자인이라면 아무래도 '혁신'이 그 이미지가 되겠죠. 품격을 나타내기 위해서는 과하지 않도록 절제를 두는 것이 중요합니다. 변형하지 않고 그대로 입을 때도 아름답게 보이도록 디자인했습니다. 조금 형태를 변형하는 편이 캐릭터가 나오는 유니폼도 있습니다만, 머리카락도 단정하게 정리하고 메이크업도 깔끔하게 하는 편이 자연스럽게 아름다워 보인다는 기준을 정하고 만들었습니다. 요즘에는 스카프도 다양하고 재미있게 연출하는 경우가 있지만 일본항공은 다릅니다. 그 부분에는 신경을 썼습니다.

비행기 자체가 미래적인 상품인 까닭에 현대적인 느낌을 표현하는 이미지도 한순간 생각한 적이 있습니다만, 일본항공은 전통이 있는 항공사입니다. 직원 여러분도 키워드로서 '전통'을 언급했죠.

호소야 직원분들이 새 유니폼을 입기 시작한 이후로 새롭게 느낀 점이 있나요?

마루야마 "이 유니폼을 더 예쁘게 입고 싶어서 운동하고 있어요"라는 말을 들었을 때는 기뻤습니다. 직장에서 매일 입어야 하기 때문에 즐겁게 일할 수 있는 유니폼을 추구했습니다만, 덧붙이자면 그 모습을 본 젊은이나 아이들이 '나도 저런 일을 해보고 싶다'고 느끼면 좋겠네요.

- **마루야마 게이타** 도쿄 출신. 문화복장학원 졸업. 1987년 어패럴 기업에서 경력을 시작한 이후 1994년 도쿄콜렉션으로 데뷔. 1996년에 마이니치 패션대상 신인상을 수상하고 1997년에 파리콜렉션 데뷔. 1998년 FEC 디자이너상 수상. 현재는 자신의 브랜드 'KEITA MARUYAMA', 'Beauty Bar by KEITA MARUYAMA', 'WEDDING DRESS KEITA MARUYAMA'의 프로듀스 외 무대의상 제작 등의 분야에서도 활약.

시청자의 감성을 신뢰하는 스토리
── NHK 〈야에의 벚꽃〉

NHK의 2013년 대하드라마 〈야에의 벚꽃〉은 도호쿠 지방의 재건을 응원하는 메시지를 담은 기획물이다. 이 드라마의 타이틀 백은 나가오카 겐메이와 함께 '드로잉앤드매뉴얼Drawing and manual Inc.'을 운영하는 영화감독 히시카와 세이치가 제작했다.

히시카와는 지금까지 〈공명의 갈림길功名が辻〉, 〈언덕 위의 구름坂の上の雲〉 등 여러 NHK 드라마의 타이틀 백을 제작해왔다. 또한 기업 CM에도 폭넓게 참여했는데 NTT 도코모의 '숲속의 실로폰森の木琴'은 유튜브 조회 수 900만 회 이상을 기록했으며, 2011년 칸느광고제에서 금상을 수상하기도 했다.

"〈야에의 벚꽃〉은 '좌절로부터의 재생'을 말하는 드라마인데, 단순한 재건에서 나아가 미래를 어떻게 만들어갈 것인지 그 메시지를 표현해야 했다. 오락 드라마라기보다는 이야기를 만들어가는 드라마라고 할 수 있겠다. 시청자가 무언가를 느끼고 생각하는 계기가 되는 '여백'을 일부러 영상 안에 만드는 작업을 했는데, 타이틀 백에도 똑같이 적용했다. 시청자의 감성을 신뢰하는 까닭에 설명을 과하게 하지 않는 편인데, 이는 기업 CM을 제작할 때도 마찬가지다"라고 히시

〈야에의 벚꽃〉완전판 DVD BOX&Blu-ray BOX
발행: NHK 엔터프라이즈 ⓒ2013 NHK

카와는 말한다.

'여백'이 있으면 시청자는 그 공간을 메우고자 각자가 가진 경험과 오감을 깨워내, 영상에서 말하는 스토리를 자유롭게 각색한다. 그 결과 단순한 CM으로 끝나는 것이 아니라 자신만의 스토리로 변화시켜 해당 브랜드에 더 큰 관심을 갖게 되는 것이다.

"일본인이 가진 문화적 수준은 어쨌든 높다. 만드는 쪽이 은근하게 표현해도 시청자는 확실하게 그 의미를 알아차린다"고 히시카와는 덧붙였다. 좋아하는 영화 속 장면을 두고 서로 이야기를 주고받듯이 시청자는 세부적인 질감과 분위기를 제대로 이해한다.

또한 최근에는 유튜브와 트위터 등의 미디어를 통해 정보가 퍼져 나간다. 예를 들어 NTT 도코모의 CM '숲속의 실로폰'에서는 나무 실로폰의 아름다운 음이 숲에 울려퍼지는데, 자세히 보면 잘 다듬어져 있지 않은 황량한 숲이 그 배경이다. 그런데 임업에 종사하는 어떤 사람이 유튜브 댓글로 '일본 임업의 실태와 숲을 유지할 수 없는 상황'에 대한 의견을 올리면서, 인터넷상에서 토론이 벌어졌다고 한다. 이와 같은 일은 실제로 영상의 스토리에 여백이 있었던 탓에 벌어진 일로 CM에 깊이를 더해주기도 한다.

마케팅 중심의 시점을 지니면 순간적으로 구매를 유도하기 위한 알기 쉬운 문법으로 스토리를 만들어버리기 십상이다. 반면 모두가 공감하지는 못할지라도 강한 메시지로 단단하게 집약하면 열광적인 팬이 탄생하는 스토리로 완성된다.

공감을 부르는 브랜드 스토리는 결코 무미·무취한 것이 아니라 독특한 본질을 갖고 있다. 사람의 마음을 움직여서 강한 유대감을 만드는 것이 목적인 까닭이다. 매장의 POP처럼 그 자리에서 바로 물건을 팔자는 것과는 조금 다른 이야기다. 일본 기업은 이 두 가지 표현 방법을 분리하는 것에 서툴다. 마케팅 담당자가 목적을 구분해서 타깃의 감성을 신뢰할 수 있는지, '그 용기가 있느냐의 여부'가 좋은 스토리와 그렇지 않은 스토리를 가리는 분기점이 된다.

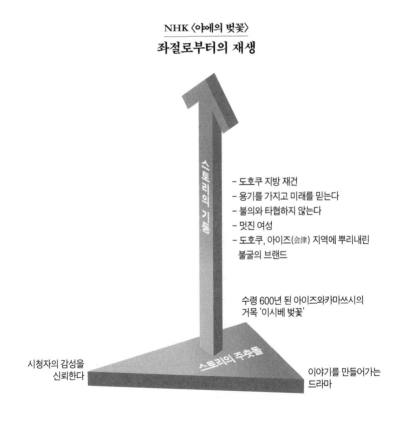

NHK〈야에의 벚꽃〉
좌절로부터의 재생

스토리의 기둥

– 도호쿠 지방 재건
– 용기를 가지고 미래를 믿는다
– 불의와 타협하지 않는다
– 멋진 여성
– 도호쿠, 아이즈(会津) 지역에 뿌리내린 불굴의 브랜드

수령 600년 된 아이즈와카마쓰시의 거목 '이시베 벚꽃'

스토리의 주춧돌

시청자의 감성을 신뢰한다

이야기를 만들어가는 드라마

호소야   대하드라마도 하나의 큰 브랜드입니다. 기업 CM과 마찬가지로 '전하고 싶은 이야기를 적절하게 표현하는' 브랜딩이 필요한데요. 〈야에의 벚꽃〉의 타이틀 백은 총 열두 개로 매월 바뀌는 참신함이 있는데, 어떻게 이런 영상 스토리를 생각하게 되었나요?

히시카와   프로듀서가 일관되게 표현하고자 했던 메시지가 '좌절로부터의 재생'이었습니다. 또 대하드라마에 새로운 이미지를 부여하고자 했던 것도 테마 중 하나였고요. 그래서 벚꽃을 모티브로 하되, 드라마 스토리의 흐름에 맞춰 매월 영상의 톤을 달리했습니다. 기본적으로는 좌절을 의미하는 채도가 낮은 톤의 영상에서 재생을 의미하는 밝은 톤의 영상으로 이미지를 변화시키기로 한 겁니다.

타이틀 백 영상 2분 30초 중 매월 변화하는 부분은 약 40초 정도입니다. 그런데 매월 같은 영상을 사용하는 고정 부분에서도 후반부의 채도는 점점 밝아지게 했습니다.

호소야   어떻게 보면 매우 직설적인 표현입니다.

히시카와   드라마뿐만 아니라 기업 CM에서도 언제나 클라이언트가 말한 키워드를 그 자체로 심플하게 표현하려고 합니다. 벚꽃을 사용한 것도, 일본인의 영혼을 상징한다고 할 수 있고 무엇보다도 가장 심플

대하드라마 〈야에의 벚꽃〉 타이틀 백 오프닝에 등장하는 아이즈와카마쓰시의 수령 600년 된 거목 '이시베 벚꽃'. 일본인의 정신적 상징인 벚꽃은 받아들이는 쪽이 가진 원풍경이 있는 까닭에 심플하고 순수하게 전해진다.

하고 순수하게 와닿기 때문이지요. 영상이든 무엇이든 간에 가장 주의를 해야 할 점이 있는데요. 바로 알기 쉽게 전하려고 너무 많은 설명을 하게 되는 부분입니다. 경우에 따라서는 쓸데없는 참견이 되어버리는 탓에 전하고자 하는 본질을 무너뜨리기도 하죠.

그래서 저는 '느낄 만한 무언가'를 슬쩍 내미는 식으로 하고 있습니다. 받아들이는 쪽은 반드시 '무엇을 말하고자 하는지' 알아줄 것이라고 생각하니까요.

호소야 클라이언트나 시청자는 설명해주지 않으면 모르는 게 아닐까, 하는 불안은 없나요?

히시카와 저는 영상 전문가가 아닌 사람, 즉 일반 대중의 감성을 신뢰합니다. 일반인이기 때문에 좋고 나쁨을 알지 못한다는 것은 있을 수 없죠. 오히려 '무엇이 아름답고, 무엇이 본질인지'와 같은 부분을 매우 훌륭하게 파악합니다. 좋은 연기자는 대사가 없는 장면을 연기해도 그 실력을 알아볼 수 있는 것과 마찬가지죠.

예를 들어 〈야에의 벚꽃〉의 4월 버전은 벚꽃 문양의 쪽빛으로 염색한 아이즈의 목면을 달밤에 촬영했습니다. 바람에 천이 날리는 장면이 있는데, 시청자들은 그 사이로 조금씩 보이는 달밤의 광경에 반응을 보였습니다.

'달빛이 비치자 비로소 그 모습이 드러났다. 이런 장면에 눈물을 흘리는 게 일본인이다'라는 글을 트위터에 올린 분이 있었습니다. 그저 나부끼는 천이 아니라, 어둠 속에서 쪽빛의 무언가를 펄럭이게 하는 것에 그 의미가 있음을 제대로 알아봐준 겁니다.

호소야 확실히 이미지를 상상하는 것만으로는 '달밤에 짙은 푸른색이라면 잘 안 보일 텐데' 하는 생각이 드는데요. 왜 굳이 달밤이었나요?

히시카와 반대로 저는 쪽빛을 달밤에 두면 아름답겠다고 생각했습니다. 또 쪽빛은 서민을 의미하는 색이기도 하고요.

영상의 콘셉트나 스토리는 언제나 직설적이고 단순한 편이지만, 한편으로는 단순하기만 해서 보잘것없는 것이 되지 않도록 그 단순함을 얼마나 아름답고, 멋지게 찍을 것인지에 고민을 집중합니다.

NHK 드라마 〈언덕 위의 구름〉도 마찬가지였습니다. 한 젊은이가 이런저런 일을 극복하면서 미래를 향해 나아간다는 이야기인데요. 산을 올라가는 장면이 있는데, 처음에는 카메라가 밑을 보고 있습니다. 그러다 서서히 정면을 향하고, 빛이 들어옵니다. 마지막은 카메라를 들어올려 하늘을 찍는 매우 심플한 문법이지요.

그렇지만 8일 동안 새벽 3시부터 저녁 7시까지 한 컷을 목표로, 산장에 기거하며 산길과 하늘을 얼마나 아름답게 담아낼 것인가에 집중했습니다.

호소야 NTT 도코모의 CM '숲속의 실로폰'도 아름다운 영상입니다. 실로폰 소리를 내는 것 외에는 아무것도 설명하지 않는데요. 영상만으로 이야기하자면 그야말로 '심플' 그 자체인데, 성공을 거두었습니다.

히시카와 그 숲은 아름다운 장소로 보이지만, 사실 임업이라는 측면에서 보면 가치가 없는 '죽음의 숲'이었습니다. 그런 숲을 일부러 찾아서 촬영했어요. 세심하게 신경을 써서 얼핏 아름답게 보이도록 했지만, 자세히 살피면 쓰러진 나무투성이입니다. 거기에 바하의 곡이 울려퍼지죠. 내려다본다면 실은 조금 오싹한 영상인 셈입니다.

사슴이 나와서 귀엽다고 생각한 순간, 그 사슴을 자세히 보면 또 비

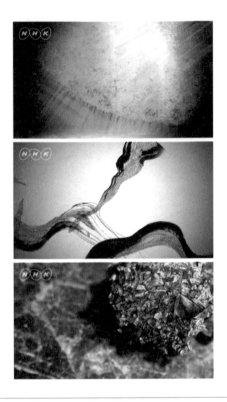

위   1월●2분 30초 중 약 40초에 해당하는 '크리에이터즈 파트'는 열두 그룹의 크리에이터가 이야기의 내용과 벚꽃을 모티브로 삼아 월별로 작품 제작을 담당한다. 이야기의 변화에 맞춰서 영상도 변화한다. 예를 들어 1월은 텍스타일 아티스트인 오노야마 가즈요(小野山和代)의 작품으로 빛을 품고 있는 이미지다.

가운데   2월●후쿠미츠 아야코(福光彩子)의 일러스트를 히시카와가 애니메이션화했다. 주인공이 아이에서 어른으로 쑥 성장하는 시기를 표현했다.

아래   3월●센다이를 거점으로 하는 젊은 크리에이터가 속한 비주얼 디자인 스튜디오 WOW가 벚꽃을 CG로 그렸다. 대하드라마는 주로 베테랑 크리에이터가 작업을 맡는데, 이번에는 젊은 디자이너를 기용했다. 또한 전원이 재능기부 형식으로 작품을 만들었다.

위   4월●도쿠시마현의 쪽 염색 장인, 야노 란슈(矢野藍秀)가 벚꽃 문양에 쪽 염색을 한 아이즈 목면을 히시카와가 촬영했다.

가운데   5월●염색 작가 후루야 메구나(古屋惠菜)가 폭 10미터의 벚꽃나무를 염색한 작품. 5월은 보신(戊辰) 전쟁, 아이즈 전쟁을 중심으로 한 이야기가 전개되기 때문에 영상에서는 후루야의 작품에 흩어지는 벚꽃잎을 CG로 추가했다. 드라마 스토리의 변화에 맞춰서 채도가 낮은 영상에서 밝은 영상으로 변화하고 있다. 5월이 가장 채도가 낮고, 후반으로 갈수록 밝아진다.

아래   마지막 장면●마지막 장면은 매회 같다. 365명의 어린이들이 땅 위에서 벚꽃 빛깔의 전통 우산을 펼친다. 동일본 대지진을 겪으며 아이즈로 피난을 온 어린이들이 출연했다. 미래를 향해 희망의 꽃을 피우는 이미지로 재건에 대한 마음을 담았다.

쩍 말라 있습니다. 아름답지만 자세히 보면 함정이 있는 영상입니다.

이때도 시청자들은 알아차렸습니다. 누군가가 트위터에서 '아름다운 숲이다. 힐링이 된다'고 이야기하자, 일본 숲의 실정에 대해 아는 사람이 '무슨 소리를 하는가, 저것은 죽은 숲이다'라고 반론하며 논쟁이 벌어졌습니다. 그리고 '원래 일본 숲은 인공 식림이 많다'는 등 간벌재와 관련된 이야기가 이어졌는데요.

이렇듯 논쟁이 일어나는 현상이 중요하다고 생각합니다. 영상 제작은 바로 이러한 것들을 위한 여백을 만드는 작업이니까요. 그렇다고는 해도 가능한 한 직접적으로 유도하지 않으면서, 길잡이 정도의 표현으로 해둡니다. 보는 사람이 옆길로 새서 무언가를 생각할 수 있도록 길을 열어두는 겁니다.

호소야　달밤에 쪽빛 직물을 두는 것도 여백이군요.

히시카와　맞습니다. 무언가 생각할 수 있도록 여백을 만드는 작업은 타이틀 백에서도 했습니다. 격동의 시대였기 때문에 오히려 도입 부분은 절제된 톤으로 들어갑니다. 사카모토 류이치坂本龍一의 곡도 아주 작은 음량으로 삽입됩니다. 연출상 너무 보여주지 않으려고 했습니다.

그리고 무언가가 '예쁘다'는 감각과 '무섭다'는 감각은 종이 한 장 차이라고 생각하기 때문에, 의식적으로 그 경계를 명확하게 하지 않고자 노력합니다. 일종의 독이라고 해야 할까요? 사람에 따라서는 미간을 찌푸리게 하는 표현도 필요합니다. 자꾸 신경이 쓰이고 계속 생각나서 사람들의 인상에 남게 되니까요. 그래서 예컨대 처음에는 '최악'이라고 말했던 사람이 한 달 후에는 '최고'라고 하는 경우도 생기고는 하죠.

모두가 좋다고 하는 것에는 어딘지 모르게 마음이 가지 않습니다. 또 그런 것일수록 사람들의 관심도 오래가지 않더라고요. 무엇인가 마음에 걸리는 게 있는 편이 오래 남습니다. 명작이라고 부르는 것일수록 그렇지요.

호소야　브랜딩을 하는 기업도 고객의 감성을 존중하고는 싶지만, 일단 내놓았을 때 팔리면 좋겠고 또 바로 반응이 와야 한다는 생각이나 불안이 있기 때문에 좀처럼 직설적이고 심플한 표현은 내세우기 힘든 것이 아닐까 생각합니다.

히시카와　감각이나 직감이라는 이야기를 꺼내면 "정말로요? 괜찮을까요?"라는 답변을 듣게 됩니다. 그래도 저는 그런 것들을 믿어야 한다고, 믿어도 좋다고 생각합니다.

•　　**히시카와 세이치** 1969년 도쿄 출생. CBS소니그룹(현 소니뮤직엔터테인먼트 주식회사) 입사. 총무부 소니 광고선전부 근무 후 1991년 도미. 다양한 분야의 영상 제작을 경험하고 귀국 후 드로잉앤드매뉴얼 설립. 모션그래픽의 도입으로 디지털과 아날로그 양쪽을 구사한 방법으로 정평. 2009년 무사시노미술대학 기초디자인학과 교수 취임. 2011년 감독한 NTT 도코모의 CM '숲속의 실로폰'으로 칸느국제광고상 3관왕. 기타 해외 광고상 등 다수 수상.

개발 아이디어가 샘솟는 스토리
─ 알비온 '레 메르베유즈 라뒤레'

컬러풀한 마카롱의 선구자로 유명한 파리의 전통 과자점 '라뒤레'와 일본의 화장품 메이커 '알비온'이라는 의외의 조합으로 새로운 화장품 브랜드 '레 메르베유즈 라뒤레'가 탄생했다. 일본에서는 2013년 론칭했다.

라뒤레의 창업은 1862년으로 150년의 역사를 갖는다. 당시 파리에서는 남성의 전유물로 여겨졌던 카페 문화를 파티스리Pâtisserie와 융합해, 여성을 위한 카페 '살롱 드 떼salon de thé'를 처음으로 만들었다. 라뒤레는 혁신적인 과자점이었으며, 여성의 문화를 창조해온 고급 식당이기도 했다.

브랜드 이름인 '레 메르베유즈Les Merveilleuses'는 프랑스 혁명 후 18세기의 공포정치 밑에서 자유와 해방을 갈구하며 참신한 패션으로 스스로의 독자성을 높여온 여성들을 의미한다. 그들은 교양이 있었고, 정치가이자 사상가이기도 했으며, 주위를 의식하지 않고 자기다움을 추구했다. 우아하고 섹시하며 당당한 세계관을 가지고 있었는데, 이는 현대 여성에게 공감받는 스타일이다. '레 메르베유즈 라뒤레'는 당시 여성들의 스타일을 참고로 해서 브랜드 콘셉트와 상품을 개발

위 앤티크 스타일의 케이스에 들어 있는 꽃잎 모양의 치크. 조화
장인이 모양을 만들었으며, 잎맥까지 완벽하게 재현했다. 꽃
잎 모양은 네 종류로 제작했다. 용기에 넣었을 때 꽃잎이 자
연스럽게 겹쳐서 보이도록 한 개씩 다른 모양을 하고 있다.

아래 각종 보디솝 패키지. 흔한 파스텔 컬러가 아니라 보다 차분한
색조로 절제했다. 섹시하면서도 아방가르드한 세계관을 가진
당시의 레 메르베유즈가 공감하는 디자인을 추구했다.

했다.

예컨대 당시 여성들은 표정의 아름다움을 중시한 까닭에 좋은 품질의 장미꽃을 으깬 가루로 자신의 볼에 연지를 발랐다. 그래서 이 이야기를 힌트로 삼아 꽃잎 모양의 치크와 바늘꽃이 모양을 본뜬 치크를 고안했다. 한편 브랜드 콘셉트의 키워드는 레 메르베유즈의 아방가르드한 세계관을 참고로 한 '아름다운 배신'이다. 꽃잎 치크를 시작으로 모든 상품에 놀라움이 숨어 있는데, 즉 심리적으로 배신감을 준다는 의미다.

지금까지 이 책에서 소개한 스토리는 주로 '고객에게 전하기 위한 것'이 많았다. 그러나 화장품 카테고리처럼 경쟁이 심하고 포화 상태인 시장에서는 타사와 얼마나 다른 상품을 만드느냐가 중요하다. 이때는 오히려 개발자 중심의 브랜드 스토리를 만드는 것이 고객을 끌어당길 수 있는 참신한 아이디어의 원천이 될 수 있다.

개발 아이디어를 만들어낼 때 특히 필요한 것은 비전과 그 배경에 있는 원풍경이다. 아무리 아름다운 세계관이라 할지라도 고객의 마음 깊은 곳에 있는 무언가와 이어지지 않으면 의미가 없다. 고객의 오감을 자극할 수 있어야 매력적인 브랜드라고 할 수 있다. 상품 개발 단계에서 만들어진 스토리만큼 강한 것은 없다. 레 메르베유즈 라뒤레는 광고만이 스토리를 표현하는 방법은 아니라는 점을 증명한다.

레 메르베유즈 라뒤레
아름다운 배신

스토리의 기둥

- 포화 상태의 화장품 시장
- 자기다움의 탐구
- 섹시, 아방가르드, 자유와 해방
- 표정미 추구
- 레 메르베유즈의 스타일

150년 역사를 지닌
파리의 전통 과자점

스토리의 주춧돌

오감을 완벽하게
즐기게 해준다

여성의 문화 창조

브랜드와 상품 개발에서 참고한 레 메르베유즈를 그린 이미지. 얇은 옷을 걸쳐서 거의 나체와 다름없었다고 한다. 혁신적인 패션이었던 만큼 빈축을 사는 일도 있었다.

이세탄 신주쿠점(위)과 다이마루 교토점 (아래) 매장. 매장별로 집기 디자인을 달 리해서 콘셉트인 '아름다운 배신'처럼 놀 라움과 신선함을 유지한다.

대담 × 센고쿠 아키코仙石亜希子 글로벌전략부 글로벌그룹 과장

호소야　과자점과 화장품의 콜라보레이션은 말만 들어도 참 참신합니다. 생각해보면 알록달록한 색감과 여성이 주요 타깃이라는 점을 살렸을 때 둘 사이의 공통점이 있기는 합니다만, 그렇다고는 해도 좀처럼 시도하기 어려운 조합 아닌가요?

센고쿠　업계에서도 저희가 처음이었다고 합니다. '화장품'이라고 하면 이른바 패션 브랜드가 사업을 전개하는 경우가 많습니다. 그런데 이런 브랜드 화장품은 이미 포화 상태에 있죠. 고객들이 웬만한 것은 다 가지고 있으니까요. 업체로서는 무언가 새로운 것, 재미있는 일이 없을까 하고 찾던 중에 만난 것이 라뒤레라는 파트너입니다. 라뒤레도 때마침 화장품 출시를 원하고 있던 터라 타이밍이 잘 맞았어요.

특히 라뒤레는 단순한 과자점이 아닙니다. 여성이 밖에서 자유롭게 이야기할 장소가 없던 시대, '여성에게 휴식이 되는 공간이 있었으면' 하는 생각에 살롱 드 떼를 처음으로 만들었지요. 여성의 문화를 지원하고 만들어온 점에서 화장품과 일맥상통하는 부분이 많았고, 과자점의 범주를 뛰어넘은 브랜드이기 때문에 파트너로서는 그야말로 최적의 상대였습니다.

호소야　라뒤레는 어떤 화장품을 만들고 싶어했나요?

센고쿠 음, 예를 들면 마카롱이 장식 같은 느낌으로 패키지에 들어 있는 화장품은 만들고 싶어하지 않았어요. 과자점 브랜드이긴 하지만, 음식이나 식기 등을 함께 배치한 이미지 사진에 대해서도 부정적이었죠.

지금은 베이커리의 정석으로 여겨지는 형형색색 다양한 형태의 마카롱은 라뒤레가 처음으로 만들었는데요. 맛은 물론이거니와 모양이나 향기, 패키지 질감을 선택할 때도 라뒤레는 까다롭습니다. '오감을 완벽하게 만족시킨다'는 것이 그들이 내세우는 기본 방침으로, 새롭게 도전하는 화장품에 대해서도 같은 생각을 품었습니다.

호소야 장미 꽃잎 모양의 치크는 정말이지 오감을 완벽하게 만족시키더라고요.

센고쿠 처음에는 '꽃잎 같은' 모양이라고 해도, 기러기 날개처럼 두꺼운 모양이 나와서 완성되기까지는 3~4년 정도 시간이 걸렸습니다. 그래도 이 상품이 완성된 덕에 다른 상품에 대한 아이디어가 생겼지요. 브랜드 콘셉트의 키워드는 '아름다운 배신'인데요. 오랫동안 화장품 업계에 있는 저희조차도 본 적이 없는 상품을 만들고 싶어서, 꽃잎 모양은 특별히 조화 제작 장인에게 부탁을 드렸습니다. 실물 장미에 가깝게 만들고자 많이 애써주셨어요.

호소야 처음에는 라뒤레로부터 '레 메르베유즈를 화장품 브랜드의 테마로 삼고 싶다'는 말만 들었다고요?

센고쿠 맞습니다. 하지만 레 메르베유즈는 사실 프랑스인에게조차 잘 알려져 있지 않은 존재인데요. 프랑스 담당자가 이미지 파악을 위해 무드 보드mood board를 만들어주었고, 저희도 자료를 몇 번이고 조사하면서 이미지를 공유했습니다.

위 　　카메오를 본뜬 프레스드 타입의 치크

아래 　바늘꽂이를 모티브로 한 크림 타입의 치크

레 메르베유즈의 이미지를 파악하기 위해 라뒤레 담당자가
만든 무드 보드. 파리의 스태프와 당시 그녀들의 세계관을
공유하기 위해 활용했다.

레 메르베유즈는 라뒤레의 창업 시기와 겹치는 실로 단기간에 존재했던 귀족 여성들로서, 복식과 화장을 통해서 자기를 표현하고 사회에서의 자유와 해방을 갈구했습니다. 사회적으로 영향력이 있었던 패션 리더였으며, 사상가이자 정치가였습니다. 프랑스 혁명 이후의 불안정한 사회에서는 조금이라도 눈에 띄는 행동을 하면 단두대로 보내질 가능성이 있었는데요. 그럼에도 자신만의 아름다움을 의연하게 추구했던 것이 그녀들입니다.

그 시대의 프랑스는 소위 마리 앙투아네트처럼 화려한 패션을 떠올리기 쉬운데, 레 메르베유즈는 물에 젖은 듯한 드레스나 얇은 거즈 같은 소재의 옷을 입었습니다. 색상도 파스텔톤보다는 시크한 이미지였고요. 그래서 패키지를 생각할 때도 만약에 핑크를 쓴다면 보다 스모키한 색상을 추구했고, 용기 안쪽은 한층 더 스모키한 느낌으로 어른스러운 분위기를 풍기는 자주색 등을 사용했습니다.

호소야 그런데 일본인의 감각에 맞는 제품으로 만들기에는 어려운 테마네요.

센고쿠 판단이 서지 않거나, 어찌해야 좋을지 알 수 없을 때는 언제나 '레 메르베유즈란 무엇일까?'라는 물음으로 되돌아갔습니다. 그러면 문제가 해결되었죠.

레 메르베유즈는 단순히 '되고 싶은 여성상'을 나타내는 것이 아닙니다. '자기다움과 오리지널리티', 나아가서는 '모두가 가지고 있는 것은 필요 없다'는 테마를 표현하고 있지요. 그래서 치크만 해도, 다른 곳에는 없는 색상이나 모양을 찾아내려고 애썼습니다. 레 메르베유즈도 자신만의 것을 찾아서 개척해나간 사람들이기 때문에, 화장품 라인업의 필수 상품이라는 이유만으로는 만들지 않았습니다.

또 '잘 팔렸으니까 다음에는 그 연장선상으로 이렇게 만들어볼까?' 하는 발상도 가능한 한 버리려고 합니다. 횡전개橫展開는 간단합니다만 그래서는 오리지널리티를 상실하게 되니까요. 일본 시장에서는 처음에 말씀드렸듯이 평범한 화장품으로는 매장에 발도 붙이지 못합니다.

호소야   레 메르베유즈의 스토리는 고객이 관심을 가질 만한 브랜드 스토리라기보다는, 만드는 쪽이 상품 개발을 하는 데 도움을 주었던 거군요.

센고쿠   배경에 어떠한 스토리가 있든지 간에 고객은 그 상품이 좋은지 아닌지에 따라 최종적으로 구입 여부를 결정합니다. 애초에 스토리를 모른 채 사용하시는 분도 많을 거고요. 그렇지만 그게 무엇이되었건 만드는 사람의 의도와 생각이 있기에 상품은 만들어집니다. 그렇다면 그 아이디어를 만들어내는 원천이 되는 스토리를 제대로 다듬어가는 작업은 꽤 중요한 일이 아닐까요?

•   **센고쿠 아키코** 상업시설홍보·판촉 업무를 거쳐 2001년부터 화장품 업계 근무. 국내외 브랜드의 화장품 마케팅, 상품 개발을 담당. 2011년 알비온에 입사했다.

체험과 추억을 이어주는 스토리
— 혼다 'RoadMovies'

여러분은 24초짜리 영상을 간단하게 만들 수 있는 iPhone용 애플리케이션 'RoadMovies'를 알고 있는가? 찍은 영상에 음악을 삽입하거나 모노크롬 같은 필터를 사용할 수 있는 이 애플리케이션은 혼다가 개발했다. 2012년 11월 출시된 이후 서서히 인기가 높아져, 2013년에 이르러서는 300만 건의 다운로드 건수를 기록한 대히트 애플리케이션이다.

그런데 자동차 제조 업체인 혼다는 왜 이 애플리케이션을 만들었을까? 그 배경에는 2003년 혼다가 개발한 세계 최초 쌍방향 통신형 자동차 내비게이션 '인터내비'가 있다. 단순한 지도 정보뿐만 아니라 '주행 실적 정보 맵' 등과 같이 현재 주행 중인 차에 관한 다양한 정보를 실시간으로 수집해서 사용자에게 제공하는 서비스다. 교통 혼잡을 없애는 쾌적한 드라이브와 방재, 이산화탄소 감축 등을 목적으로 한다. 자동차라는 하드웨어를 만드는 혼다가 개발한 '서비스' 소프트웨어인데, 그 연장선상에 'RoadMovies'가 있다.

인터내비에 대한 인지와 이해, 보급을 위해 혼다는 2011년 도쿄 모터쇼에서 주행 데이터를 직감적으로 시각화하는 일에 도전했다. 예

혼다
RoadMovies

스토리의 기둥

- 잠재적 사용자와의 접점 증가
- 사진, 영상, 데이터 정리
- 함께 나누는 즐거움
- 사용의 편리함, 심플함
- 일상적으로 사용 가능하며 질리지 않는 것

드라이브나 여행의
체험과 추억

스토리의 주춧돌

혼다만이 할 수 있는
재미있는 일을 한다

동영상을
잘 찍고 싶다

를 들어 'dots now'는 인터내비를 통해서 수집한 주행 데이터를 기초로 일본 전국에 있는 차의 이동 거리와 방향을 깔끔한 비주얼로 보여주는 서비스다.

이러한 프로젝트를 시작으로 드라이브와 관련된 정보를 나누고, 그 경험과 추억을 만들어나가자는 발상에서 탄생한 것이 'RoadMovies'다. 드라이브 중에 친구나 가족과 짧은 영상을 만드는 재미로 '차 안에서 즐기는 놀이'를 더욱 배가시키자는 시도다.

RoadMovies는 주행 데이터의 가시화를 넘어서, '차가 있는 삶'과 '차 안에서 즐기는 놀이'를 영상과 음악으로 디자인한다. 영상을 다른 이들과 나눔으로써 혼다가 추구하는 '차에 타는 즐거움'을 더욱 많은 사람에게 알릴 수 있다. 요컨대 이 애플리케이션을 알게 되면 인터내비가 달린 혼다의 차를 구매하거나, 인터내비의 활용을 촉진시킬 수 있다는 것이다.

하드웨어를 만드는 회사가 개발한 소프트웨어의 배경에는 인지와 이해, 그리고 활용과 구입이라는 장대한 스토리가 그려져 있다.

호소야　'RoadMovies'는 혼다의 독자적인 자동차 내비게이션 시스템의 인지도를 높이기 위한 목적으로 개발된 애플리케이션입니다. 어느 부분에서 필요성을 느꼈는지, 자세한 이야기가 궁금하네요.

미카와　인터내비는 그 장점을 알리기가 좀처럼 쉽지 않았습니다. 예를 들어 인터내비가 알려준 연비가 좋은 루트를 달리고 있다고 해도, 실제로 두 대가 동시에 달리면서 비교해보지 않으면 그 편리함이나 훌륭함을 실감할 수 없으니까요.

　그래서 인터내비와 사용자의 접점을 늘려나가자는 프로젝트의 일환으로, 보급률이 높은 스마트폰으로 체험할 수 있는 서비스를 만들어야겠다고 생각한 겁니다. 영상 애플리케이션은 그럴싸한 결과물을 만들어낼 수 있는 모델이 기존에 없었기에 개발의 여지가 있었죠.

호소야　구체적인 상품으로서의 테마나 콘셉트는 무엇인가요?

미카와　'스마트폰을 사용해서 차가 있는 삶을 보다 풍요롭고 편리하게 만들자'입니다. RoadMovies는 '이 애플리케이션을 사용해서 드라이브를 즐기자, 드라이브의 추억을 만들자'는 서비스고요. 혼다는 본래 뛰어난 연비를 추구함과 동시에, 타면 즐거워지는 차를 만들겠다는 이념을 늘 추구해왔습니다. 이렇게 소프트웨어를 만드는 일을 하

가운데 24초 영상을 '1초x24컷'으로 찍을지, 또는 '2초x12컷', '3초x8컷'으로 찍을지 선택한다.

오른쪽 하단 가운데의 카메라를 누르면 촬영 모드로 바뀐다. 영상을 터치하면 촬영 영상을 재생할 수 있다.

왼쪽 원하는 때에 버튼을 눌러서 녹화할 수도 있고, 일정 시간과 거리에 따라 자동으로 녹화되도록 설정할 수도 있다.

오른쪽 촬영한 영상에 취향대로 필터를 입혀보거나 배경 음악을 넣을 수 있다.

고 있으니까 애플리케이션 개발도 가능하리라 생각했죠.

호소야 실제 개발에서 가장 신중하게 주의했던 점은 무엇인가요?

미카와 스마트폰 애플리케이션은 이 세상에 수도 없이 많지만, 늘 사용하는 것은 의외로 몇 개 없습니다. 기껏해야 교통 정보 정도잖아요? 어쩌다 호기심에 다운로드를 했다고 쳐도, 그 후에도 계속 사용하지 않으면 의미가 없습니다. 결국 혼다라는 브랜드와 인터내비의 인지도 확장으로 이어지지는 않는 거니까요. 그래서 저희는 일상적으로 사용할 수 있고, 또 질리지 않는 감각을 제공해야 했습니다. 가장 중요시한 부분이지요. 질리지 않도록 하기 위해서는 편리함과 심플함에 특히 주의를 기울였습니다.

호소야 친구들끼리의 모임이나 소규모 동호회 등에서 사용하는 사람들도 많다고 들었습니다. 드라이브의 즐거움을 느끼게 하고 싶다는 목적에서 조금은 벗어난 사용 방법이 아닐까요?

미카와 '일상적으로 사용할 수 있고 또 질리지 않기 위해서는 무엇이 필요할까'를 생각했을 때 떠올린 것은, '과연 자동차 내부로만 사용 범위를 한정해도 괜찮을까?'였습니다. 특히 요즘 젊은이들은 차에 별로 관심이 없다고들 합니다. 그래서 차에 탄 상황만을 전제로 하는 것에는 의구심이 있었죠. 프로모션을 위한 애플리케이션이라고는 해도, 차를 너무 강조해서 광고 냄새가 진하게 나면 고객이 금세 싫증을 낼 테니까요.

처음에는 인터내비를 사용하는 회원을 대상으로 하는 서비스를 생각했습니다. 그런데 그것만으로는 재미가 부족하더라고요. 다양한 상황에서 보다 많은 사람들이 사용하면서 확장해나가는 편이 재미있으리라는 결론을 냈고, 지금처럼 무료 오픈 형태로 정착했죠.

호소야　꼭 차 안이 아니어도 좋다는 점을 중요하게 여긴 거군요.

미카와　면허가 없는 사람도 사용할 테고, 또 혼다가 만든 것을 여전히 모르는 채 사용하는 사람도 있을 겁니다. 그렇지만 결국 언젠가는 알게 되지요. 일단 선택해서 사용함으로써 혼다의 브랜드 이미지가 높아지거나 화제가 되는 일이 중요하다고 생각합니다.

　또 'Sound of Honda'도 동시에 출시했는데, 진정한 차량 마니아를 위한 애플리케이션이죠. 왕년의 명차로 꼽히는 혼다 차의 엔진 소리를 듣는 서비스로, 센서와 링크해서 자신의 속도에 맞춰 좋아하는 엔진음을 내는 것도 가능합니다. 예를 들어 자신의 피트(혼다 브랜드)로 F1의 엔진음을 낼 수 있죠. 브랜드 프로모션은 매우 핵심적인 부분에 흥미를 가지는 마니아층부터 반대로 그다지 관심이 없는 사람에 이르기까지 다양한 사용자가 흥미를 갖도록 추진했습니다.

호소야　이렇게까지 히트를 칠 것이라고 예상했나요?

미카와　아니요. 엄청난 다운로드 수는 예상 밖이었습니다. 유튜브 등에서 만든 동영상이 공유되면서 애플리케이션도 알려지게 되었는데요. 그야말로 소셜 미디어의 위력을 실감했습니다.

호소야　앞으로의 계획은 무엇인가요?

미카와　최근에는 '재미있으니까 한다'는 메시지가 혼다의 기업 CM에서도 선전 문구로 사용되고 있습니다만, '혼다는 재미있는 일을 많이 시도하는구나' 하고 공감을 얻는 것이 중요합니다. '이런 일은 혼다만 할 수 있지'라는 평가를 받고 싶네요.

- **미카와 아키히로** 이륜, 사륜 영업을 거쳐 모터스포츠, 이륜, 사륜의 홍보, 기업 브랜드 광고를 담당. 2007년부터 인터내비 사업실에서 업무 추진.

주행 데이터를 비주얼화한 'dots now'는 실시간 인포그램이다. 주행 데이터와 기상 예보 등 외부 데이터를 조합해서 지금 전국에서 달리는 차들이 무엇을 하고 있는지, 어떠한 상태에 있는지 시각화한다. 위 사진은 일본 전국의 차들이 어디로 가고 있는지를 나타내며, 아래 사진은 각 지방(도도부현)별로 연비가 좋은 운전을 하는 지역 순위를 나타낸다.

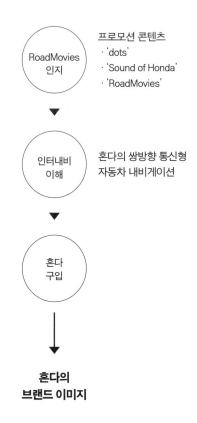

RoadMovies
인지

프로모션 콘텐츠
· 'dots'
· 'Sound of Honda'
· 'RoadMovies'

인터내비
이해

혼다의 쌍방향 통신형
자동차 내비게이션

혼다
구입

**혼다의
브랜드 이미지**

유일무이한 존재가 되는 스토리

── 스타벅스 커피 재팬 '인스파이어드 바이 스타벅스'

'인스파이어드 바이 스타벅스'는 스타벅스 커피 재팬(이하 스타벅스)이 지금껏 진출하지 않았던 주택가에 출점해서 'Your Neighborhood and Coffee'를 콘셉트로 전개한 새로운 형태의 매장이다. 역에서 조금 떨어진 곳에 위치해 있고, 익숙한 녹색 로고 간판도 내걸지 않는다. 생활 환경에 녹아든 평상복 차림으로 갈 수 있는 친근한 스타일의 카페다.

이 콘셉트로서는 세 번째 매장인 도쿄도 세타가야구의 이케지리 2초메점은 '어번 보헤미안urban bohemian'을 테마로 꾸몄다. 세련미와 캐주얼함, 현지 느낌과 무국적 분위기 등 상반된 요소를 맛볼 수 있는 공간이다.

공간을 구성하는 아트워크artwork로는 커피 벨트를 본뜬 패브릭이 쓰였다. 패브릭으로 리메이크한 가구를 사용하거나, 커피의 원산지인 동남아시아와 아프리카나 남미 지역으로 매장 내 공간을 나누는 등 디자인 테마를 느낄 수 있는 요소가 다수 존재한다.

인스파이어드 바이 스타벅스는 말 그대로 스토리가 주체가 되는 매장으로서, 그 지역에서 생활하는 손님들에 대한 관찰이 보다 심도 있게 이루어지는 곳이다. 예컨대 이케지리는 '크리에이티브하게 도시 생활을 즐기는 글로벌한 감각을 지닌 손님이 많이 거주하는 지역'이라는 분석 결과를 토대로, 다양성을 느끼는 어번 보헤미안 콘셉트가 탄생했다. 생활자가 바라볼 때 일반적인 스타벅스 매장은 '출발지'에서 '목적지'로 향하는 도중에 만나볼 수 있는 존재다. 그러나 인스파이어드 바이 스타벅스는 현지화된 형태의 매장으로서, 생활자의 의식 속에서 '목적지'가 된다는 데 큰 차이가 있다. 말하자면 '편한 샌들을 신고 갈 수 있는, 우리집에서 가장 가까운 스타벅스'는 어떠한 형태일지에 대해 몇 번이고 논의했다고 한다.

그 해답으로서 스타벅스의 브랜드 콘셉트는 변화시키지 않으면서도 보다 친밀하게 고객의 니즈에 부응하는 특화된 매장에 도전했다. 예컨대 한정된 매장에서만 사용하는 커피 머신을 쓰고, 스타벅스 특유의 앞치마를 두르지 않은 평상복 차림으로 편안한 분위기를 연출하는 파트너(매장 직원)들, 그리고 높이가 낮은 카운터를 통해 파트너와 고객의 대화가 활발하게 이루어지도록 하는 시스템을 만드는 등 보다 친밀하게 사람과 사람이 교류할 수 있는 공간인 것이다. 이는 스타벅스가 일본의 찻집 문화를 새롭게 해석하고자 한 시도라고 할 수 있다.

인스파이어드 바이 스타벅스는 다른 곳보다도 지역과 고객의 니즈를 심층적으로 파악해 정성스럽게 맞춤화한 공간으로서, 메뉴도 로고도 오리지널이다. 일반 매장보다 단가가 비싼 상품이 있지만, 결코 표면적인 프리미엄성을 쫓는 것은 아니다. 사람과 사람을 이어주고 정말로 맛있는 커피를 우직하게 제공하는 등 스타벅스다운 노력을 소홀히 하지 않는, 만족을 느끼는 점포로 만들어 가치를 높였다고 말

위 세 번째 매장인 이케지리2초메점은 맨션 1층에 있으며, 스타벅스 커피 재팬의 일반적인 점포 외관과는 크게 다르다.

아래 이케지리2초메점은 동네 손님이 대부분이다. 인테리어도 색다르며 따뜻한 분위기가 느껴진다.

| 위 | 커피의 원산지를 표시한 지도가 벽에 걸려 있다. |

| 아래 | 고객과의 일체감을 중시해서 카운터는 일반 점포보다 낮게 했으며, 직원은 녹색 앞치마를 착용하지 않는다. |

할 수 있다. 그 결과 일반적인 비즈니스 상식으로는 사람이 모이지 않을 듯한 척박한 입지에도 불구하고, 고객에게 사랑받는 매장으로 성장할 수 있는 여지를 남긴 시스템을 만들었다. 스타벅스는 이미 메가 브랜드다. 단순히 프리미엄성에 의존하는 브랜드 가치 향상을 추구할지, 아니면 자신만의 유일무이한 브랜드를 만들어나갈지의 여부는 이 새로운 형태의 매장에 달린 듯하다.

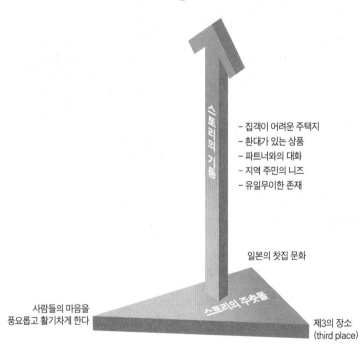

인스파이어드 바이 스타벅스
Your Neighborhood and Coffee

스토리의 기둥

– 집객이 어려운 주택지
– 환대가 있는 상품
– 파트너와의 대화
– 지역 주민의 니즈
– 유일무이한 존재

일본의 찻집 문화

사람들의 마음을
풍요롭고 활기차게 한다

스토리의 주춧돌

제3의 장소
(third place)

대담 × **야마다 에이스케**山田英輔　점포개발전략부 부장

　　× **다카시마 마유**高島真由　점포설계부 부장대리

호소야　새로운 운영 방법을 생각한 이유는 무엇인가요?

야마다　주택가에도 매장이 필요하다는 의견은 이전부터 있었습니다만, 상업적으로 타산이 맞을지가 과제였죠. 그런데 주택가만의 메리트도 있음을 알게 되었습니다. 우리가 열정을 다해 제공하는 커피에 대해 고객에게 찬찬히 설명할 수 있다는 점인데요. 바쁜 오피스 밀집 지역과는 조금 달리, 시간에 여유가 있는 고객이 타깃이기 때문에 지금까지와는 다른 접근 방식을 시도했습니다. 새로운 지역에서 우리 브랜드를 충분히 어필할 수 있겠다고 생각한 거지요.

　'Your Neighborhood and Coffee'를 표방하듯이 인스파이어드 바이 스타벅스는 일반 매장보다 지역 특성을 중시합니다. 그만큼 개발 시간은 더 걸립니다만, 새로운 분야에 대한 도전이었지요.

다카시마　일반 매장도 지역 특성을 중시하지만, 기본적으로는 표준화된 디자인에서 조금씩 수정하는 방식을 택합니다. 그에 비해 인스파이어드 바이 스타벅스는 먼저 지역 특성을 파악하고, 그에 맞는 디자인을 생각해야 했기 때문에 일반적인 접근 방법과는 차이가 있었죠.

　오피스 밀집 지역의 매장과는 상품 구성과 가격 설정, 그리고 고객과의 거리감도 다른 까닭에 색다른 표현이 필요하리라 예측했습니

왼쪽 이케지리2초메점에 배치된 독창적인 오브제

오른쪽 바닥에는 커피콩 나무의 일러스트가 그려져 있다.

다른 매장에서 사용했던 의자를 리폼하며 커피로 염색했다.

다. 그래서 도쿄도 세타가야구 다마가와3초메에 출점한 1호점은 일반 매장을 어떻게 바꿀 것인가에 초점을 맞추었지요.

그 결과 지금까지 이어온 표현을 크게 바꿀 필요는 없지만, '고객'이나 '이용 상황'은 역시 다르다는 점을 알았습니다. 캐주얼한 차림으로 이용하거나, 가족끼리 편안하게 시간을 보내는 매장은 어떤 모습이어야 할지 다시 한번 고민했죠. 외부 디자이너나 크리에이터에게 스타벅스가 지닌 강점과 약점을 묻기도 했습니다. 이러한 의견을 참고해서 세타가야구의 다이자와5초메에 2호점을, 이케지리2초메에 3호점을 오픈한 겁니다. 캐주얼하고 친근한 분위기를 만들기 위해 카운터 높이도 일반 매장보다 낮게 했고, 매장 직원인 파트너들도 스타벅스의 상징과도 같은 녹색 앞치마를 착용하지 않습니다.

야마다 또 매장의 외관이나 내부만을 보면 일반적인 스타벅스와는 전혀 다르게 느껴질지도 모릅니다. 그러나 저희가 볼 때는 똑같은 스타벅스죠. 평소에 표현할 수 없었던 것을 표현한 것뿐입니다.

호소야 세 개의 매장은 입지에 따라 표현을 달리한 건가요?

다카시마 1호점은 고급 주택가에 위치한 만큼 그 이미지에 맞추어 고급스럽게 디자인했습니다. 2호점은 소극장 등이 늘어선 지역과 가깝기 때문에 취미를 심도 있게 추구하는 마니아를 타깃으로 해 '커피 극장'이라는 콘셉트를 내걸었고요. 3호점은 도심인 시부야와 한 정거장 거리인 만큼 자유롭게 도시 생활을 즐기는 분을 고객으로 상정해 이미지화했습니다. 콘셉트는 '어번 보헤미안'입니다. 시부야와 가까워서 세련된 느낌이지만, 주택가 특유의 캐주얼함과 편안함도 있습니다. 지역 밀착적이지만, 무국적 분위기를 풍기는 부분을 '어번'과 '보헤미안'이라는 상반된 용어로 표현했지요. 유행의 최첨단을 이해하면서도 자신만의 스타일을 고수하는 분들이라고 할 수 있습니다.

야마다 주택가에서는 평일 오후에 어떤 손님들이 매장을 찾을지 불안했습니다만, 막상 오픈하고 보니 나이 드신 분들이나 여성 고객 등 예상한 고객층이 발걸음하셨습니다. 모두 편안하게 여유를 즐기시는 모습이 참 보기 좋더군요.

다카시마 3호점 벽에는 아프리카와 동남아시아, 라틴 아메리카 등 커피 원산지를 나타낸 지도를 걸어두었는데요. 사실 매장 안 좌석 분위기도 커피 원산지를 이미지화했습니다. 예를 들어 벽 쪽의 소파가 있는 공간은 아프리카고, 중앙의 큰 테이블이 있는 공간이 동남아시아, 구석이 라틴 아메리카라는 느낌으로 어번 보헤미안을 표현했죠. 의자 등은 다른 매장에서 사용하던 가구를 리폼했습니다. 도료와 커피를 섞어서 다시 염색했는데요. 매장 디자인이나 가구 제작은 인테리어 디자인 전문학교 학생들에게 도움을 받았습니다.

호소야 주택가라서 개인 경영 점포와도 경쟁하게 될 듯한데요?

다카시마 개인 경영 점포는 오너분의 개성이나 그 입지에 따르는 강점이 매우 강력합니다. 디자인으로 대응해서 해결될 만한 간단한 문제가 아니죠. 브랜드 강점을 더욱 부각시킬 뿐만 아니라, 고객과의 유대를 중시해서 매장 안에 따뜻함이 흐르도록 해야 할 겁니다. 이번에 전문학교 학생들과 콜라보레이션한 것도 그 일환이고요.

야마다 스타벅스는 줄곧 사람과 사람과의 관계를 중요하게 생각해왔습니다. 인스파이어드 바이 스타벅스 매장도 마찬가지입니다. 고객에게 더욱 가치 있는 장소로 만들어가고 싶은 마음이네요.

호소야 마사토 × 나가오카 겐메이

지금 일본 기업에 필요한
진정한 브랜드 스토리란?

나가오카 겐메이 ● 디자인 활동가

D&DEPARTMENT PROJECT 대표이사회장, 'd design travel' 발행인, 교토조형예술대학 교수, 무사시노미술대학 객원교수. 디자인의 쉼터로 정립한 숍 'D&DEPARTMENT'에는 생활자와 생산자가 모여서 그 지역에 대해 공부하고 대화할 수 있는 장을 제공. 일본을 재발견하는 시스템 조성을 목표로 하고 있다.

지금까지 기업의 다양한 사례 등을 토대로 '브랜드 스토리를 어떻게 만들어야 하는가'에 대해 살펴봤다. 이번 장에서는 일본을 대표하는 저명한 디자이너이자, 독특한 숍을 만드는 일에 여념이 없는 나가오카 겐메이와 만나 '브랜드 스토리란 무엇이어야 하는지', 그리고 '일본 기업은 어떤 자세로 물건을 만들어야 하는지' 들어보았다.

그저 잘 팔린다는 이유로 모방할 것이 아니라, 각자가 구축해온 역사와 전통, 지역색 등도 착실히 고려해야만 상품이 가진 진정한 스토리를 이야기할 수 있게 될 것이라고 나가오카는 말한다. 진정으로 만들고 싶은 것을 만들었을 때 비로소 스토리란 탄생하는 법이고, 결국에는 그런 것만이 살아남으리라고 강조한다.

자, 나가오카의 시점을 따라가며 브랜드 스토리를 만드는 법에 관한 새로운 발견과 깊은 이해와 마주해보자.

자신의 꿈을 말하며, 굳세게 실행에 옮기는 사장이 줄어들었다

호소야 요 몇 년간 '물건이 안 팔린다'든가 '고객이 상품을 사지 않는다'는 이야기를 정말 많이 들었습니다. 그런데 그 말을 하는 당사자인 기업이 정말로 고객의 시점에서 생각하고 있는 것인지 의문이더라고요. 만드는 사람의 의도를 제대로 전달하기만 한다면 고객이 그 스토리를 금세 알아차리고 이해해줄 텐데, 하고 말입니다.

이런 의문을 담아 기업에 다시 물으면, 사실 제대로 상황을 이해해서 상품에 스토리를 입혀 고객에게 전달하고자 노력하는 곳도 적지 않습니다. 그렇지만 대개의 기업은 알기 쉬운 표면적인 기능만을 반복해서 외치는 데 그치죠. 이러한 차이는 어디에서 나오는 걸까요?

나가오카 먼저 사장이 문제라고 할 수 있겠네요. 독단이라든가 공사 혼동이라는 말을 들으면서도 자신의 꿈을 말하고, 굳세게 실행에 옮기고자 하는 사장이 줄어든 것이 아닐까요? 격변하는 시대, 유일하게 의지할 수 있는 것은 자신의 꿈밖에 없습니다. 사원도 고객도 잘은 모르지만 사장이 가진 추진력 있는 꿈에 이끌리게 되는 법이거든요. 바로 그 과정을 통해 새로운 것이 만들어지죠.

예전에는 혼다의 혼다 소이치로나 소니의 모리타 아키오 같은 창업자가 있었습니다. 그들은 자신의 꿈을 이야기하면서 주변 사람들을 하나둘 불러들여 도전에 나섰습니다. 물론 새로운 상품을 만들어내는 일이니까 처음에는 실패도 있었겠지요.

그렇지만 고객은 사장의 그런 꿈과 의지에 공감해서 물건을 구입하고는 합니다. 요즘으로 치면 스티브 잡스Steve Jobs가 있었던 애플을 예로 들 수 있겠네요. 바로 이런 경영자가 매우 줄어든 것이 아닐까요?

오래도록 사랑받는 상품의 배경을 분석하면 역시 창업자의 애정이나, 지역 산업을 육성하고자 하는 마음 등이 느껴집니다. 결국 창업자의 강한 의지가 상품에 나타나는 것이겠지요. 상당히 흥미로운 부분입니다.

호소야 만드는 사람의 모습이 보인다는 건가요?

나가오카 네. 창업자의 모습이 반드시 보입니다. 삶의 방식이라고 할 수도 있겠네요. 그런 창업자가 있으면 주변 사람이나 직원에게도 그 생각이 그대로 전달됩니다. 차가 되었든, 가전제품이 되었든, 오래 팔리는 상품에는 반드시 그런 경향이 있죠.

다소 극단적인 표현입니다만, 최근에는 생활자가 기업에 대한 기대를 접었다는 점도 그 배경에 있을지 모르겠습니다. 그냥 포기해버리는 건데요.

예를 들어 생활 잡화를 살 때도 대량 생산된 것보다는 만든 사람이 누구인지 알 수 있는 상품을 더 선호합니다. 심지어 만든 사람을 직접 만나러 가서 이야기를 나누고, 그 사람의 성장도 지켜보면서 생활 잡화를 사는 경향이 있습니다.

호소야　아무래도 누가 만드는지 알고 싶으니까요.

나가오카　그렇지만 같은 생활자가 어느 날은 100엔 숍 같은 곳에 가서 누가 만들었는지 모를 물건을 산다거나, 가능한 한 싼 것을 사는 경우도 있습니다. 같은 생활자라 해도 양극화의 물결이 매일 왔다갔다 하는 모양입니다.

편의점도 예전에는 일본 어디에서나 같은 물건을 판매했는데요. 최근에는 지역색을 강조하면서 그 지역, 그 장소에 있는 편의점에 가야만 살 수 있는 물건을 구비해놓기 시작했습니다. 이런 예를 보면 전체적으로 통일된 브랜드 안에서 각각의 점포가 개성을 드러내고 있는데요. 이 밸런스가 아주 재미있습니다.

호소야　100엔 숍에서 산 그릇과 장인이 만든 그릇을 같은 테이블 위에 올려놓는, 말하자면 미스매치mismatch를 하고 있는 거군요.

나가오카　실제로 요즘 편의점은 통일성을 추구하는 프랜차이즈 시스템이라고 해도 일정 비율은 지역성과 같은 점포의 개성을 인정하고 있습니다. 그렇게 되면 상품 구색에 결과적으로 '점포의 얼굴'이 나타나게 되죠. 같은 편의점이라고 해도 저쪽 점포보다 이쪽 점포가 재미있다든가, 그 점포와 점장의 팬이 될지도 모릅니다.

편의점은 체인점인 만큼 본래는 일반적인 가게와 극과 극을 이루는 존재였습니다. 가능한 한 점원과 고객 사이의 접촉을 줄이려고 시도했던 시기도 있었다고 생각하는데, 앞으로는 오히려 지역성을 드러내는 존재가 될 듯하네요. 사람 냄새가 필요해지고 있으니까요.

호소야 이번에 '인스파이어드 바이 스타벅스'도 사례로서 언급했는데요. 바로 그런 느낌입니다.

나가오카 인스파이어드 바이 스타벅스도 이미 '스벅'이라고는 할 수 없죠?

호소야 스타벅스 측 이야기를 들어보니 일반 매장보다 카운터 높이를 낮추었고, 또 녹색 앞치마도 착용하지 않더라고요. 지역에 뿌리를 내림으로써 고객과 매장 직원의 관계가 사용자와 기업이라기보다는 인간과 인간의 관계로 이루어져 있다는 느낌을 받았습니다. 말씀하신 편의점의 예와 비슷하네요.

나가오카 이미 수많은 체인점이 고객과의 관계를 어떻게 만들어가야 할지 고민하고 있을 겁니다. 한때는 '친근한 대응'도 매뉴얼에 포함되어 있어서, '이런 식으로 답변을 하면 느낌이 좋다'는 식으로 내용이 적혀 있었습니다. 지금은 점원 개개인의 개성에 맡겨서 어느 정도는 자유를 허용하는 듯해요.

그렇다고는 해도 또 너무 친근한 태도는 좋아하지 않는 고객도 있기 때문에, 기업 입장에서는 어디에 기준을 두어야 할지 상당히 어려운 부분이기도 합니다. 아무리 친근한 것이 좋다고 해도 지나치면 경박하게 보일 수도 있으니까요.

기준은 사장의 생각에 좌우되는 까닭에, 결국 창업자의 생각이나 생산자의 생각으로 이어지게 되겠죠.

호소야 생산자의 생각이 반영된 상품으로는 프라이빗 브랜드(PB)를 들 수 있을 듯합니다.

최근에는 세이유에서 '여러분의 보증'이 등장하는 등 PB가 새로운 붐을 일으키고 있습니다. PB의 대표격이라 할 수 있는 양품계획의 '무인양품無印良品' 등에서는 생산자의 생각이 분명하게 읽히는데요. 요즘 볼 수 있는 다양한 PB 중에서는 무인양품과 같은 정서가 느껴지지 않는 경우도 있는 듯합니다.

나가오카 이제 단순한 PB로는 의미가 없고, 생산자의 얼굴이 보이는 것만으로도 생활자는 안심할 수 없습니다. 식품 안전 문제 등도 많이 발생했고, 생활자의 의식은 예전보다 더욱 높아졌습니다. 슈퍼에 가면 실제로 생산자의 얼굴 사진이 붙은 상품도 많아졌지만, 그것만으로는 생활자가 좀처럼 만족하지 않게 되었지요.

지금 '얼굴이 보인다'는 것의 진정한 의미를 전국 곳곳에서 찾고 있는 중이라고 생각합니다. 고객과 어떻게 마주할 것인지, 서비스를 어떻게 진화시킬 것인지, 여전히 현재 진행형입니다. 이제 겨우 첫발을 내딛었으니까, 앞으로는 새로운 시도가 줄지어 나오겠지요.

생활자는 '배움'으로써 새로운 기쁨을 발견한다

호소야 새로운 스토리를 만드는 기초 작업으로서 이 책에서도 '배움'을 중시합니다. 생활자도 배우는 것에 따라 새로운 발견에 이르는 까닭인데요.

나가오카 물건이 잘 팔리지 않는다고 하지만, 갖고 싶은 물건은 사실 여기저기에 널려 있을 겁니다. 그런데 여기에서 생활자도 눈치를 챕니다.

예를 들어 모처럼 고급스러운 칠기 국그릇을 샀을 때, 안에 담는 된장국이 변함없이 인스턴트여서는 안 되겠다는 생각이 드는 겁니다. 이때 맛있는 된장국을 만드는 법을 배울 수 있는 모임은 상당히 울림이 있습니다. 좋은 다시마는 어떻게 찾는지, 국은 어떻게 내는지 된장국 만드는 법을 열심히 공부합니다. 그리고 실전에서 정말 맛있는 된장국을 만들죠. 자, 바로 이때 좋은 국그릇을 사용할 수 있는 상황이 마련되는 겁니다.

만드는 사람이나 생산지의 스토리, 그 안에 있는 정보를 얻으면 얻을수록 생활자는 그 물건에서 가치를 발견할 수 있습니다.

호소야　직접 된장을 만들까, 다시마를 채취하러 갈까, 생산자를 만나볼까 등 '배우는 것'에 따라 물건에 관심을 갖게 되는 것이군요.

나가오카　전통 공예가가 만든 쇠 주전자를 사고 싶다고 생각해도, 실제로는 쇠 주전자를 사용하지 않는 생활이라면 설령 샀다 쳐도 먼지만 뒤집어쓰게 되겠지요. 그 부분을 가게에서 일러주어야 합니다.

예전 같으면 전통 공예가가 만든 쇠 주전자라는 사실만으로도 팔렸을 겁니다. 지금은 그 주전자를 사용하는 생활, 그 자체에 행복을 느끼고 싶은 마음이 큽니다. 그러니 어떻게 사용하면 좋은지, 어떻게 해야 잘 활용할 수 있을지 궁금하겠지요.

호소야　된장국도 쇠 주전자도 옛날이라면 어른들과 잘 아셨을 겁니다.

나가오카　그렇지요. 지금처럼 핵가족 사회일수록 어른들과 함께 사는 것이 더욱 즐겁습니다. 물건에 대해서 이것저것 배울 수 있고, 잘 사용하게 되니까요.

젊은 사람들 중에는 시골에서 전혀 피가 섞이지 않은 할머니들과 사는 경우도 있다고 하네요. 앞서 언급한 부분을 중시하는 분들이겠

죠. 역시 도시에 사는 생활자들도 애니메이션 〈사자에상サザエさん〉 (1969년부터 30년간 방영된 3대가 함께 사는 가족 이야기를 그린 일본의 국민 애니메이션—옮긴이)에 나오는 삶에 행복을 느끼지 않을까요?

호소야 그러한 원풍경을 배우는 것이 매우 중요하다고 생각합니다. 그것을 본 생활자는 꼭 갖고 싶다고 느끼게 되겠죠. 할머니나 어머니가 사용하던 것을 "당신도 사용해보는 것은 어떨까요?" 하고 건넨다면, 그것만으로도 과거와 현재의 체험이 이어지게 되니까요.

디즈니랜드도 그렇잖아요. 어렸을 때 경험한 즐거운 추억이 있으니까 자신의 아이들을 데리고 또 가게 되는 거죠. 취재 도중에 미쓰코시 이세탄 홀딩스가 같은 점을 지적했습니다. 미쓰코시의 고객은 할머니, 어머니, 손자가 대를 이어 계승해간다고요. 이것은 매우 중요한 점일지도 모릅니다.

나가오카 저희 매장 삿포로점에는 예전에 백화점에서 일하다 정년퇴직한 60대 여성분이 계셨는데요. 그분이 올리는 매출이 엄청났습니다. 젊은 감각을 가진 장소에서 나이 지긋한 베테랑 직원분께 물건을 사고 싶어하는 생활자가 많다는 것이지요. 그래서 정년퇴직한 분들을 모시려는 움직임이 각 매장 내에 있습니다. 250년의 역사를 가진 철 주전자라든가 170년 된 그릇처럼 전통이 있는 물건을 그냥 팔고 싶지는 않잖아요.

생활자도 인터넷 등에서 사는 것이 내키지 않으니까, 굳이 시간을 내서 본사나 노포 매장에 직접 사러 갑니다. 이렇게 하는 편이 더 만족스러운 기분이 드는 겁니다.

기업으로서 브랜드 축을 가지고 있는가?

호소야 그런 스토리와 역사가 있는 상품을 기업이 계승할 때, 그 모습 그대로가 아니라 시대에 맞는 새로운 디자인을 추가할 것이라고 생각합니다. 나가오카 씨 생각에는 이런 경우에 어떻게 하는 것이 좋을까요? 사람들에게 이야기를 듣다 보면 그 연결이 참 어려운 듯합니다. 마케팅 담당자가 스토리를 만들려고 해도 디자인 측에 제대로 전달해서 이해시키는 게 쉽지 않더라고요.

나가오카 다른 회사도 마찬가지라고 생각합니다만, 디자인 작업을 의뢰받으면 먼저 클라이언트 기업의 브랜드북부터 시간을 들여서 만듭니다. 말하자면 사내 공통의 브랜딩 툴인데, 이것을 제대로 만들어두면 방향성에 흔들림이 생기지 않습니다.

'좋은 회사'라면 반드시 자사의 자료관을 가지고 있습니다. 예를 들어 파나소닉에서 일을 맡았을 때, 가장 처음 저를 데리고 간 곳이 마쓰시타 고노스케의 역사관이었습니다. 아마도 파나소닉에 대해 심도 있게 이해하기를 바란 것이겠지요. 그만큼 브랜드의 중요성을 알고 있다는 겁니다. 그런데 브랜드북을 갖춘 기업이 일본에는 적은 듯합니다.

이런 부분을 클라이언트 기업에 이야기하면 "부탁드리고 싶은 것은 그런 게 아니라, 이 상품 패키지 디자인을 좀 수정해주셨으면 좋겠는데요"라고 말합니다. 그런데 패키지 디자인을 수정한다고 해도 기업의 축을 이해하지 못하면 잘 만들 수 없다는 겁니다.

"단순히 유행이라고 해서 다른 회사처럼 잘 팔리는 상품을 떡하니 만드는 건 바람직한 일은 아니에요"라고 설명해도 이해하지 못하는 경우가 있었습니다. 또 시간과 돈을 들여서 브랜드북을 만들어두면

나중에는 크게 고마워하시지만, 시작할 때는 일단 상당한 저항이 있습니다. 도대체 왜 그런 걸까요?

호소야 그러게요. 왜 이해를 못 하시는 걸까요?

나가오카 아마도 이익 같은 눈앞의 목적이 너무나도 확실하니까, 말로만 간단하게 설명해도 수십 년 된 기업의 DNA가 디자이너나 컨설턴트에게 금방 전해질 것이라고 생각하는 게 아닐까요? 그런데 전해지지 않잖아요.

호소야 디자이너는 자신의 피와 살이 되지 않으면 좋은 말도 좋은 디자인도 나오지 않습니다. 그래서 클라이언트 기업과 서로의 시간을 가능한 한 공유하고, 몇 번이고 충분히 이야기를 나누지요. 그런 관계성을 만들고 상호 공유가 가능해진 후에야, 비로소 마음을 움직이는 말이 나오고 디자인도 심층적으로 이해하게 되니까요.

창업자야말로 위대한 디자이너이자 마케터

나가오카 옛날에는 술이나 된장, 쌀과 같은 상품을 디자이너가 디자인하는 경우는 적었을 겁니다. 오히려 창업자가 직접 디자인했죠. 마음속에 그린 것을 직접 디자인한 건데요. 그게 바로 개성으로 이어집니다. 이렇게 되면 가족의 역사가 그대로 스토리가 되고, 패키지에도 반영됩니다. 물건을 팔 때 이러한 이야기도 함께 고객의 품으로 가곤 했지요.

이와 같은 방법을 지금까지 잘 발전시켰다면 좋았을 텐데, 좀처럼 쉽지 않은 일이니까요. 전통적인 부분은 무시하고 오직 새롭다는 이유로 시장에서 잘 팔리는 상품과 똑같은 것을 만들어버리면, 애써 만든 브랜드도 그 의미가 사라지게 됩니다.

'옛날부터 이어져온 것과 새로운 것을 어떻게 함께하게 할 것인가'는 브랜드 전략의 기본입니다만, 공존의 밸런스를 유지하는 것은 말처럼 쉽지 않습니다. 젊은 경영자라면 젊은이들 중심으로 하고 싶겠지요. 더는 그때 그 시대도 아니고, '저런 것은 너무 낡았다'고 보는 경영자도 있을 겁니다. 그래서 모처럼 그 DNA를 물려받았는데도 앞세대를 지워버리는, 모순된 행동을 하고 맙니다.

호소야 경영자가 2대나 3대로 기업을 이어가게 될 때 회사 내에서 가장 설득하기 쉬운 평가 기준으로서 매출이나 고객의 증감 같은 잣대를 적용하게 됩니다. 그런데 브랜드를 만드는 일은 숫자로 일희일비하기보다는 긴 호흡으로 저 너머를 바라봐야 한다고 생각합니다.

즉효성과 지효성의 차이일지 모르겠습니다만, 늦더라도 조금씩 천천히 배어나는 것을 2대나 3대도 가지고 있어야만 합니다. 그런 것이 없다면 가치를 잃고 마니까요. 즉효성 있는 디자인만으로 그때그때 트렌드를 좇기 바빠진다면, 브랜드가 가진 본래의 강점이 보이지 않게 될 겁니다.

나가오카 지방과 도시를 비교할 때도 비슷한 이야기를 할 수 있겠네요. 홋카이도나 시코쿠, 규슈 등 일본의 끝자락에 위치한 곳들을 찾을 때마다 느끼는 게, 사실 매우 높은 문화 수준을 지니고 있다는 점입니다.

문화가 발진하는 속도는 도시와 달리 느리지만, 그것이 오히려 더 높은 수준으로 성숙하게 만드는 것이 아닐까 하는 생각이 듭니다. 도쿄만 고집하면 안 됩니다. 그런데 모두들 어떻게 하면 도쿄에서 가장 좋은 땅에 사무실과 매장을 열고, 그곳에서 성공할 수 있을까에 대해서만 고민하지요.

여러 지역에서 강연을 할 때 "먼저 이 땅에서 성공합시다"라고 말합니다. 지역에서 성공하지 못한 채 도쿄에서 성공한들 아무런 의미가 없다고 외치지만, 좀처럼 알아주시질 않습니다. 고객이 잘 보이지 않는 걸까요?

호소야 　고객은 만드는 사람보다 더 상품에 대해서 잘 이해하고 있습니다. 그런데도 '분명 잘 모를 거야'라고 전제한 채 디자인을 바꾸거나 텔레비전 광고를 만들죠. 그 결과, 너무 지나치다고 해야 할까요? 디자인이 과한 경우가 많다고 생각합니다.

고객은 생산자의 정보를 어디까지 원하는가

나가오카 　고객에게 물어보니 요즘은 소셜미디어를 참고하는 분들이 많더라고요. 다른 사람이 찍은 사진, 그러니까 생산자와 관계가 없는 사람이 발신한 정보에 더 신뢰감을 가지며 안심감과 친근감도 느끼는 듯합니다. 다른 사람이 찍은 사진을 봤는데, 이게 뭔가 좋은 거죠. 그래서 이 정도의 정보만으로도 일부러 먼길을 찾아오는 고객도 있습니다. 이런 상황을 보면 광고는 이미 예전과 같은 의미를 갖지 못한다고 말할 수 있을지도 모릅니다.

고객이 신뢰하는 정보는 그야말로 사람에 따라 천차만별입니다. 소셜미디어의 사용법도 각양각색이겠죠. 자신이 얻은 정보만이 전부라고 생각할 겁니다. 물론 그렇게 여길 만한 자신만의 기술 같은 것도 있을 테고요.

호소야 　확실히 고객은 다른 사람이 발신한 정보를 원하는 듯합니다.

나가오카 　생산자의 정보를 알린다는 의미에서 미국에는 '커뮤니티 스토어'라고 하는 판매 형태가 있었습니다. 그곳에서는 아는 사람의 물건을 아는 사람이 사는 거지요. 모르는 사람의 것은 절대 사지 않습니다. 이를 일본에서도 따라 한 사례가 있습니다만, 단순하게 생산자의 얼굴 사진을 표시하는 것만으로는 안 되거든요.

'아는 사람의 물건을 아는 사람이 산다는 것'이 원칙이라면, 사실 이를 실행하는 것은 보통 힘든 일이 아닙니다. 매장 직원들도 고객이 어디 사는 누구인지 알아야 하니까요. 그런데 알고 보면 일본의 옛날 재래시장이 이와 비슷한 형태였습니다. 정말로 안심하고 물건을 사고 싶다면, 바로 이런 식으로 되돌아가면 되겠지요.

일본인이 생각하는 원풍경은 말하자면 재래시장입니다. 이게 정답이지요. 옛날 시장의 모습을 체험했기 때문에 그 이외의 형태는 진짜가 아닌 것으로 보이는 겁니다. 그래서 원풍경으로 되돌아갈 수밖에 없다는 이야기입니다.

지금과 같은 새로운 판매 형태로 고객의 신뢰를 얻기란 쉽지 않습니다. 상업 빌딩이나 시설은 새로운 모험을 하고 있지만, 역시 옛날 시장처럼 활기차고 생생한 그 느낌은 절대 흉내낼 수 없습니다. 일본인은 사실 근사한 정답을 이미 알고 있는데, 잠시 잊어버린 게 아닐까요?

양극화하는 생활자의 행동을 어떻게 파악해야 하는가

호소야 그런 원풍경을 중시하면서 보다 좋은 것을 선택하는 사람들이 있는가 하면, 생각하는 것이 귀찮고 싫어서 선택을 포기하는 사람들도 있습니다. 전체적으로 양극화를 보이고 있지요. 우리의 역할은 전체의 삶을 끌어올리는 것입니다. 100엔 숍에서 물건을 사는 것도 결코 나쁘지는 않지만, 어쩐지 아까운 삶의 방식이 아닌가 싶은 거죠.

나가오카 '원풍경을 어떻게 생각할 것인가'라는 부분이군요. 감각적인 어법이지만, 정말 지금 한창 싸우는 도중이니까요.

예를 들어 어느 지역의 상징인 마을 축제를 매년 실시해야 한다고 말하는 사람이 있는 반면, 참가자도 모이지 않고 너무 오래된 전통이니 그만두자는 사람도 있습니다. 또 도쿄로 뛰쳐나와 살고 있는 사람 중에는, 어릴 적에는 마을 축제를 이해하지 못했지만 지금은 다시 바라보게 되며 그 지역의 스토리를 재확인하게 된다는 사례도 있지요. 요즘 특히 이런 흐름이 많이 보입니다. 고향을 떠났지만 지역에 대한 애착은 가지고 있어서 무언가 하고 싶지만 어찌해야 할지 모르는 거죠. 양극화 상황 속에서는 이렇듯 다양한 사람들을 어떻게 파악해야 할지가 중요해집니다.

호소야 그렇군요.

나가오카 축제 예를 계속 들자면, 요즘에는 전국적으로 사람과 사람을 이어주는 '접착제'라고도 할 수 있는 새로운 타입의 축제가 계속해서 등장하고 있습니다. 지금까지는 흥미가 없던 사람도, 어떻게 연구하느냐에 따라 새로운 축제를 재미있게 받아들이게 될 여지가 생긴 겁니다. 물건을 만드는 기업도 마찬가지입니다.

호소야 술이나 쌀은 각 지방에서 만들고, 그곳의 물을 사용하기 때문에 특색 있게 만들 수 있습니다. 이번 취재에서도 지역밀착형 기업이 일본 전국뿐만 아니라 세계로 진출하는 예가 있었습니다.

나가오카 그 지역에서 얻은 원재료로, 그 지역 사람이 만들어서, 그 지역에서 판매하는 게 가능하다면 매우 값싸게 만들 수 있습니다. 당연히 그 지방만의 특색이 묻어나지요.

지금은 유통의 발달로 그 지방에서 나지 않는 것으로, 그 지역이 배경이 아닌 스토리로 물건을 만드는 일이 자주 있습니다. 그렇지만 그 지방만의 지형적 특징, 예를 들어 물이 풍부하다는 내용을 바탕으로 해서 그 지역만의 물건을 만드는 일은 얼마든지 가능할 겁니다. 이런 점을 중심으로 고민해야 하지요.

최근에는 전통 공예품임을 강조하고 있으나, 원재료가 수입산인 경우도 많습니다. 본래는 그 지방에서 생산한 것으로 만들고, 그 지역의 풍토에 맞게 개량해야만 상품이 갖는 진정한 스토리를 만들 수 있죠. 결국에는 그런 것들만 살아 남지 않을까요?

소비 속도를 늦추고 싶다

호소야 지금까지 기업이나 제조 회사가 갖는 주된 관심은 안정 공급에 관한 것이었습니다. 그런데 그 지역에서만 나는 재료로 제조를 하게 되면 원재료가 부족해질 경우도 있습니다. 자연스레 그 지역 외의 것도 사용하게 되었죠. 그 결과 무슨 일이 일어났느냐 하면, 풍토라든가 계절감처럼 일본인이 본래 중요시했던 것을 잃었습니다.

나가오카 안정 공급이나 소비 속도에 문제가 있다고 생각하는데요. 솔직히 말하면 소비 속도를 늦추고 싶습니다.

이런 예가 있습니다. 북미를 동경하는 일본인이 많이 있습니다만, 북미의 상점은 주말 이틀은 쉬고 평일에도 낮 12시부터 오후 5시 정도까지만 문을 여는 곳이 대부분입니다. 그래서 대개의 직장인은 평일이건 주말이건 웬만해서는 물건을 사기가 힘듭니다. 이렇듯 느긋한 상황에서 '물건을 사는 행위란 대체 무엇인가' 생각해보게 됩니다. 생산도 판매도 생활도 모두 일본과는 전혀 다르죠.

일본에서는 오늘 주문하면 내일 받을 수 있느냐가 중요시됩니다. 그 때문에 재고를 확보하고자 너무 열심히 일해서 몸을 망치게 되는 사람들이 있는데요. 과연 이대로 좋은 걸까요? 그래서 '기다리는 것'에 관해 말하고 싶은 겁니다.

호소야 부자유함을 즐기라는 말씀이군요.

나가오카 그렇습니다. 주문하고 3개월 정도 걸리더라도, 좋은 쇼핑을 하자는 겁니다. 이 이야기를 할 때마다 언제나 주문생산 방식인 페라리를 예로 드는데요. 그들은 차를 사고 싶으면 먼저 공장으로 오라고 합니다. 공장에 가서 주문한 차의 몸체가 완성되면, 거기에 사인을 하게 하죠.

호소야 아, 그런가요?

나가오카 대단하지 않나요?

호소야 정말 좋은데요. 진정한 브랜드네요.

나가오카 자신이 주문한 차에 자신의 사인을 넣을 수 있다면, 그건 기다려야지요. 납품까지 1년이 걸린다 해도 자신이 사인한 차이기에 이미 새로운 가치를 만들어낸 겁니다. 그래서 가능한 한 '기다리는 쇼핑'을 권하고 싶습니다.

호소야 앞으로는 대형 업체도 대량 생산으로 상품을 제공하는 방식과 페라리처럼 각각의 상품을 기다려서 그 부자유함을 즐기게 하는 방식으로 양극화할지도 모르겠네요.

지금은 두 가지 방법을 함께 시도하려고 하니 모순이 발생하는 겁니다. 일본 기업의 좋은 점이기도 하지만 상품으로 치면 70점 정도인 셈이지요. 100점 만점을 위해서는 어떻게 해야 좋을지 생각하길 바라는 마음입니다. 고객은 이해하고 있습니다. 매우 현명해졌거든요. '지금은 이걸 사지만, 기다릴 수 있다면 저걸 사겠다'는 식으로요.

'고객에게 이런 니즈가 있다'든가 '이런 예측이 나왔다', '이런 리서치 결과를 얻어서 만들었다'라기보다는, '만들고 싶었기 때문에 만들었다'는 상품이 왠지 더 두근거리는 설렘으로 다가오지 않나요?

ON도 OFF도 포함해서 브랜드 스토리가 만들어진다

나가오카 소니도 혼다도 역시 창업자가 꿈을 가지고 시장을 개척했기에 재미있는 상품이 등장했습니다. 일상에 스토리가 있고, 기업인으로서도 스토리가 있습니다. 단순히 기업인으로서 도려낸 부분에만 스토리가 있는 것이 아니라, 일상이라든가 자라온 느낌, 취미, 그런 것들이 전부 합쳐져서 브랜드 스토리가 됩니다. ON과 OFF를 모두 포함해서 만들어지는 것이지요. 억지로 생각한다고 해서 만들 수 없는 부분입니다.

역시 창업자는 무엇을 만들건, 무엇을 팔건 일단 자신의 꿈이 확실해야 합니다. 그리고 나서 아마추어 같은 방법이건, 무엇이 되었든 간에 계속해서 입 밖으로 그 꿈을 표출해야 하고요.

호소야 그야말로 '원풍경'이군요. 스토리를 만들어야 한다는 이야기를 하면 '동화'를 떠올리는 사람이 많습니다. 그런 게 아니라, 만드는 사람의 의지로부터 자연스레 피어나는 것이 스토리인데 말이에요. 단순히 텔레비전 광고를 계속해서 내보내기만 하면 된다는 것도 아니죠.

'스토리'라는 말을 사람들이 너무 많이 사용해서, 단어 그 자체가 정확하게 유통되지 않는 상황인데요. 브랜딩도 스토리도 고객만을 지향할 것이 아니라, 먼저 만드는 사람이 확인해야 합니다. 고객에게 전달하기 전에 만드는 사람부터 즐겨야 하고, 이어서 고객도 함께 나누게 될 때 비로소 진정한 브랜드 스토리가 만들어지는 겁니다.

함께해주셔서 감사합니다.

나오며

시장 환경은 크게 변화하고 있다. 적어도 일본에서는 더는 대량 소비를 전제로 한 이론이 통용되지 않는다.

'유형의 물건もの만이 아니라 의식こと이 필요하다'는 말이 나오는 등 다양한 분야의 기업 관계자와 이야기를 나누다 보면, 자신도 모르게 사람들에게 말하고 싶어지는 브랜드 스토리를 원하는 의식이 점점 높아지고 있음을 느낀다. 그러나 한편에서는 지금 바로 매출 성과를 내고 싶다든가, 대량 생산할 수 없는 틈새 전략으로는 의미가 없다는 솔직한 의견도 존재한다.

'팔릴 것이냐, 아니냐'를 논하기 전에 우리는 무엇인가 중요한 것을 잊고 있는 것은 아닐까? 미래의 생활자에게 무엇이 일상의 삶을 풍요롭게 해주는지를 전하는 일 말이다. 지금이야말로 단순한 소비자가 아니라 희로애락을 가진 생활자로서의 삶을 들여다보고, 그 현재와 미래를 진지하게 생각해볼 필요가 있다.

앞으로 소자고령화少子高齢化, 교육이나 환경 등의 사회문제, 글로벌화 등 다음 세대가 극복해야만 하는 많은 난제가 몰아칠 것이다. 그렇지만 브랜드 스토리 안에는 만드는 사람의 꿈이 가득하다. 이 책에서 언급한 열네 가지 사례는 모두 진취적으로 꿈을 그리는 스토리다. 이런 상품과 서비스가 생활자에게 전해진다면 좋겠다는 염원으로 가득 차 있다.

나는 브랜드 스토리가 만드는 '즐거운 쇼핑'이야말로, 모든 사람을 행복하게 해줄 것이라고 믿는다.

한편 2009년부터는 싱가포르에 지사를 설립하면서, 눈부시게 성장하는 아시아의 사람들을 지켜봤다. 그 가운데 다시 한번 확인한 것은 일본의 강점은 역시 '질'이라는 점이다. 품질력이나 개발력 같은 기능적인 질만이 아니라, '정서적인 질'은 여전히 보다 더 높여갈 수 있다. 그 원천은 일본 안에 아직 많이 있다. 그 '정서적인 질'을 높이기 위해, 일본다운 브랜드 스토리를 만드는 방법이 21세기의 제조업에 중요한 역할을 해주길 바란다.

마지막으로 닛케이BP사의 《닛케이 디자인》 연재 취재에 응해주신 여러분, 대담에 흔쾌히 응해주신 D&DEPARTMENT 주식회사 대표이사회장 나가오카 겐메이 씨를 비롯한 많은 분들의 협조에 감사드린다.

　또한 기획과 편집을 맡아주신 《닛케이 디자인》의 오야마 시게키 부편집장님, 본서의 디자인을 해주신 아트 디렉터 가토 메구미 씨, 일러스트레이터 히라이 사쿠라 씨, 카메라맨 마루모 도오루 씨와 다니모토 다카시 씨, 연재 시작부터 13회까지 담당해주신 미키 이즈미 씨가 많은 수고를 해주셨다. 여러분이 안 계셨다면 한 권의 책으로 완성되기 어려웠을 것이다. 진심으로 감사드린다.

각 사례 《닛케이 디자인》 게재 호 일람

일러스트 히라이 사쿠라 平井さくら(page 17, 21, 39, 41, 43, 45, 47, 51)
사진   마루모 도오루 丸毛透(page 60, 104, 127, 216, 217, 220, 221, 225)
        아후로(page 30)

프리다 칼로, 내 영혼의 일기

프리다 칼로 지음 ＊ 안진옥 옮기고 엮음

육체의 고통을 예술로 승화시킨
프리다 칼로,
그녀의 일기장을 책으로 만나다

일기장이 오직 자기 자신만을 위해 적는다는 특성을 가진 만큼, 그 어디에서도 볼 수 없었던 프리다 칼로의 진솔한 모습을 있는 그대로 만날 수 있다. 행여 누가 볼까 암호를 써 가며 감추어둔 일기장에는 때로는 부유하는 무의식으로, 상상으로 만들어낸 신화로, 손가는 대로 끄적인 그림으로 그녀의 예술혼이 나타난다. 그런 만큼 그녀의 일기장은 프리다 칼로라는 화가를 이해하는 데 있어 가장 중요한 자료이기도 하다.

나의 외출이 행복하기를,
그리고
결코 돌아오지 않기를

Diary of the Soul, Frida Kahlo

프로덕션 디자이너

강승용 김지민 지음

영화미술감독 강승용의
프로덕션 디자인

프로덕션 디자이너는 영화미술감독을 말한다. 한 편의 영화에서 미술적 요소 전체를 책임진다. 이 책은「사도」,「왕의 남자」,「황산벌」,「실미도」등 40여 편의 영화미술감독으로 활동한 강승용이 20여년의 경험과 이론을 정리한 '한국영화미술매뉴얼'이다. 프로덕션 디자이너에게 필요한 자질로 창조성, 경영 능력, 소통 능력을 역설한다. 프로덕션 디자인 이론과 함께 13개의 현장스케치를 통해 촬영 현장의 숨겨진 에피소드를 생생히 전한다.

강승용 감독이 이렇게 먼저 팔 걷어붙이고 나서서 영화인들을 위해 중요한 정리를 해준 데 대해 고마움을 표한다. 강 감독의 바람처럼 많은 영화인 후배들이 이 책을 계단 삼아 더 쉽게 더 빨리 더 훌륭하게 선배들을 능가해 주기를 바라 마지않는다.

──이준익(영화감독)